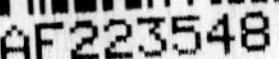

LE
CONFLIT FRANCO-CHINOIS

LE
CONFLIT FRANCO-CHINOIS

(LA GUERRE ET LES TRAITÉS)

D'APRÈS LES DOCUMENTS OFFICIELS

PAR

E. GUILLON

Agrégé de l'Université

Rédacteur en chef du RÉVEIL DU DAUPHINÉ

GRENOBLE

Librairie MAISONVILLE

ALEXANDRE GRATIER, SUCCESSEUR

ÉDITEUR

23, Grand'Rue, 23

1885

Grenoble.— Imprimerie et lithographie Veuve RIGAUDIN

8, rue Servan, 8

LE

CONFLIT FRANCO-CHINOIS

J'ai pensé qu'au lendemain du traité qui termine le Conflit franco-chinois, on ne serait pas fâché d'en embrasser dans une vue d'ensemble les débats, la suite, la conclusion, et de trouver résumés dans quelques pages les événements qui ont occupé deux années.

D'ailleurs, les difficultés à peine éteintes dans le Tonkin renaissent dans l'Annam, et si les lignes qu'on va lire présentent quelque intérêt pour le passé, elles peuvent encore suggérer d'utiles réflexions pour l'avenir.

Je voudrais d'abord montrer les causes qui ont toujours mis l'Europe et qui viennent de mettre la France en lutte avec un Empire dont nous sommes séparés, moins encore par la distance que par la race, les mœurs et les idées.

I.

Il ne faudrait pas croire que la Chine a été brusquement révélée à l'Occident, ni plus ni moins que le Nouveau-Monde. Nous savons aujourd'hui par les travaux des orientalistes et des sinologues, surtout par l'érudit et consciencieux Pauthier, que, depuis l'antiquité classique jusqu'aux temps modernes, l'Empire du milieu fut en relation avec les pays de l'Occident (1). On a un exemple de ces relations, au Moyen-Age, dans l'aventure singulière du vénitien Marco Polo.

Marco Polo voyageait avec son père et son oncle dans l'Asie centrale, vers 1275. Pris en affection par le souverain de la Chine, il fut dix-huit ans gouverneur d'une province chinoise. De retour en Europe et prisonnier des Génois, alors en guerre avec Venise, il se délassa en écrivant le livre de ses voyages qui parut en 1298. Ce livre, qui n'a pas eu moins de cinquante-huit éditions et qui fut d'abord écrit en français, souleva l'incrédulité des contemporains. On en reconnut plus tard l'exactitude et il fut précieux pour les premiers voyageurs en Chine (2).

Ce qui est vrai, c'est qu'après les grandes découvertes maritimes de la fin du XVe siècle, la Chine se trouva, beaucoup plus qu'auparavant, exposée à la curiosité et surtout à la cupidité des nations occidentales.

Les premiers navigateurs qui abordèrent en Chine furent les Portugais. Ils vinrent, vers 1516 et 1517, trafiquer à Canton et à Macao. Il se prirent de querelle avec les mandarins, tirèrent aux indigènes des coups de canon, et durent quitter le pays. Veut-on savoir comment l'arrivée de ces bruyants étrangers est consignée dans les annales de l'Empire ?

« Environ ce temps, pendant le règne de Chin-Ti, des
« étrangers de l'ouest, appelés Fo-lan-si, disant qu'ils appor-
« taient le tribut, entrèrent subitement dans le port de Can-
« ton, et, par le bruit de leurs canons, ébranlèrent tous les
« rivages. Rapport en fut adressé à la Cour qui envoya aussi-

---

(1) Pauthier. Histoire des relations politiques de la Chine avec les puissances occidentales. 1 vol. in-12. Didot 1859.

(2) On aura une idée suffisante du livre curieux de Marco Polo dans l'édition populaire publiée par la librairie Dreyfous. (Collection des grands voyages).

« tôt l'ordre de les chasser et d'arrêter leur commerce. A peu
« près à la même époque, les Hollandais vinrent à Macao
« sur deux grands navires. C'est un peuple sauvage qui ha-
« bitait jadis un territoire inculte et n'avait aucune relation
« avec la Chine. Les vêtements et les cheveux de ces gens
« étaient rouges, leur taille élevée. Ils avaient des yeux
« bleus, très enfoncés dans la tête, des pieds d'une coudée
« et deux tiers de long. Leur aspect étaient étrange et
« épouvantable. »

Les Hollandais revinrent en 1622. Les Anglais parurent
en 1637. Les uns et les autres se conduisirent exactement
comme ceux qui les avaient précédés. Leurs relations commerciales se terminèrent par des coups de canon.

C'est donc par des actes d'hostilité que les Européens se
firent connaître aux Chinois. C'était leur donner une bien
mauvaise idée de la civilisation occidentale. L'impression
était d'autant plus fâcheuse que les nouveaux venus s'a-
dressaient à un peuple dont la civilisation est la plus
ancienne du monde, et passe, aux yeux des Chinois, pour
la plus parfaite. Car, pour bien saisir la différence qui nous
sépare des Chinois, il faudrait faire une étude, sinon complète, au moins étendue des mœurs chinoises. Il faudrait
mettre en relief, à côté de défauts choquants, les qualités
incontestables de la race jaune : la finesse, la patience, le
culte de la famille et des ancêtres. Il faudrait ensuite signa-
ler le caractère de cette société où l'instruction donne les
places, par voie d'examen, et où le despotisme qui vient
d'en haut n'a d'égal que la liberté communale qui règne en
bas. Il faudrait enfin montrer la science, honorée dans le
souvenir de son illustre représentant Con-futse, plus ancienne que toutes les philosophies et que toutes les religions
de l'Occident, et donnant, par conséquent, aux Chinois
l'idée la plus fière d'eux-mêmes et de leur pays, l'idée d'un
pays qui est comme le centre même de l'humanité (Empire
du milieu).

On comprendrait alors pourquoi il est illogique de traiter avec les Chinois comme avec les autres peuples ; comment l'œil d'un mandarin, si instruit qu'on le suppose, voit autrement les choses que l'œil d'un Européen ; et, pour tout dire, comment il s'est ouvert, entre le monde occidental que nous représentons et l'Empire Chinois avec lequel nous sommes aux prises, un abîme qu'il semble impossible de combler jamais ou même de franchir (1).

Dès leur apparition sur les côtes de la Chine, les Européens ont reçu les noms de *barbares, barbares de mer, barbares aux cheveux roux*. Leur nom, dans le peuple, est celui de *fan-kouei* (diables étrangers).

Des échanges plus pacifiques succédèrent à ces relations primitives où le canon tenait trop de place. Mais ils n'étaient pas faits pour relever les étrangers dans l'estime des Chinois. Car pour être admis auprès de l'Empereur, pour obtenir des avantages commerciaux, les ambassadeurs ne reculaient pas devant les minutieuses exigences d'un cérémonial rigoureux dont la formalité la plus humiliante était celle du *Kotaou*, c'est-à-dire « des trois agenouillements et des neuf « prosternements. » Pauthier nous a donné la traduction du *Cérémonial pour la réception des ambassadeurs*, d'après l'édition officielle de 1756, et il nous a laissé également l'histoire des ambassades européennes en Chine jusqu'à nos jours (2).

C'est à genoux, en se traînant sur les mains, et en frappant neuf fois du front les marches du trône que les ambassadeurs se montraient à l' « Homme seul. » Celui-ci, naturellement, les prit pour des êtres inférieurs et les traita comme tels. On conte que l'ambassade hollandaise de 1794 reçut de l'Empereur, comme une marque ironique de sa

---

(1) Voir à la fin du volume la bibliographie de tout ce qui concerne la société, les mœurs, le gouvernement des Chinois.
(2) Histoire des relations politiques, etc., ouvrage déjà cité.

bienveillance, « un morceau de gâteau qui portait encore la
« trace de ses dents, servi sur une assiette sale, et digne,
« tout au plus, d'être jeté à un chien. » Ces platitudes con-
firmaient la cour de Pékin dans son orgueil et dans ses
prétentions. Il n'est donc pas étonnant que les Chinois,
dans leurs relations extérieures, se soient conduits d'après
les principes suivants : « *Les barbares sont tels que des*
« *bêtes, et ne doivent pas être gouvernés par les mêmes*
« *principes que les citoyens. Essayer de les diriger par la*
« *raison, ce serait ne vouloir aboutir qu'à la confusion.*
« *Les gouverner par l'arbitraire est la vraie et la meilleure*
« *manière de les gouverner.* » (1)

Les deux guerres que l'Europe a faites à la Chine avant la
guerre actuelle n'étaient pas davantage de nature à ramener
l'Empire et à triompher de ses préventions. L'une est la
guerre de l'opium, en 1840-42. Les Anglais ont vaincu la
Chine pour avoir le droit de l'empoisonner. L'autre est la
campagne de Pa-li-Kiao, en 1860. Les Français ont démontré
l'excellence de leur civilisation par le pillage du Palais d'Eté.
Résumons rapidement ces deux guerres.

Depuis sa première ambassade, c'est-à-dire depuis 1793,
l'Angleterre écoulait en Chine tout l'opium qu'elle fabriquait
dans l'Inde (2). Le trafic s'accrut après 1800. La Compagnie
vendait alors plus de 3,000 fr. une caisse de 72 kilogr. qui
ne lui coûtait guère plus de 650 fr. Non-seulement le bénéfice était scandaleux, mais encore il était ruineux pour
l'Empire. Car les Chinois payaient, non en argent, mais en
marchandises indigènes, thé et soieries. Ils perdaient à
l'échange, leurs exportations dépassant de beaucoup la

---

(1) Cité par *De Mas*, tome II.

(2) On sait ce que c'est que l'opium. Sur son usage et ses
abus, voir *Libermann* : Les fumeurs d'opium en Chine, 1863 ; et
surtout *Th. Quincy* : Confessions d'un mangeur d'opium, avec
les Etudes de Beaudelaire.

valeur des importations étrangères. L'Empereur interdit alors le commerce de l'opium. Les Anglais y suppléèrent par la contrebande. L'Empereur porta contre la contrebande les édits les plus sévères. Elle redoubla. En 1839, le vice-roi de Canton fit saisir et jeter à la mer 20,000 caisses d'opium.

Les Anglais envoyèrent une flotte et 15,000 hommes sous les ordres du commodore sir George Elliot (1840). La flotte s'empara de Ting-hao, la principale ville de l'archipel Chusan.

Les Chinois négocièrent pour gagner du temps, mais la lutte recommença. Les Anglais abandonnant les îles Chusan, prirent Canton, Shang-haï, remontèrent le Yang-tse-Kiang et parurent devant Nankin. Les Chinois, effrayés, cédèrent. Ils signèrent le traité de Nankin (16 août 1842). Les Anglais se faisaient donner l'île de Hong-Kong, une indemnité de 105 millions, et ils obtenaient pour les Européens l'ouverture des cinq ports de Canton, Amoy, Ning-Pô, Fou-Tcheou et Shang-haï.

La France ne voulut pas rester en arrière. Une mission extraordinaire envoyée en Chine avec M. de Lagrené conclut le traité de Wampoa (28 octobre 1846) qui fut ratifié à Canton, le 25 août suivant. La France obtint les mêmes avantages commerciaux que l'Angleterre, et stipula en outre la liberté de la prédication chrétienne dans quelques provinces.

Ces traités faisaient une brèche dans le vieil Empire, mais ils ne modifièrent pas les sentiments des Chinois envers les étrangers. On en trouve la preuve dans un document singulier dont on ne peut contester l'authenticité. C'est un dialogue échangé, dans le courant d'octobre 1849, entre l'Empereur Tao-Kouang et le mandarin Pi-Keni, gouverneur de Canton (1). Il a une couleur toute chinoise :

---

(1) Ce dialogue écrit par Pi-Keni lui-même nous a été

L'Empereur. — Les *barbares*, il me semble, dépendent entièrement de Canton pour gagner leur vie.

Le mandarin. — Le peuple de Canton voit très bien que les barbares ne pourraient réaliser aucun profit sans cette province.

L'Empereur. — Les *barbares anglais* ont-ils subi quelque affaiblissement de leur puissance dans ces derniers temps ?

Le mandarin. — Ils semblent devenus plus faibles.

L'Empereur. — Dans toutes les affaires, la décadence suit la prospérité.

Le mandarin. — La fortune divine de Votre Majesté en est la cause.

L'Empereur. — Pensez-vous, d'après les apparences que présentent les choses à Canton, que les barbares anglais ou bien d'autres gens y causeront de nouveau des troubles ?

Le mandarin. — Non. L'Angleterre n'a pas de ressources. *Lorsque les barbares anglais se révoltèrent en 1841,* ils dépendaient entièrement du pouvoir des autres nations qui, dans le but d'ouvrir des voies à leur commerce, les ont soutenus de leurs fonds.

. . . .

L'Empereur. — Il ressort évidemment de tout cela que les barbares n'ont en vue que des stipulations commerciales...

Le mandarin. - *Au fond, ils appartiennent à la classe des brutes.* Il est impossible qu'ils entretiennent aucune idée élevée.

L'Empereur. — Dans leur pays, ils ont pour souverain tantôt une femme, tantôt un homme. Il est évident qu'ils ne sont pas dignes qu'on s'occupe d'eux.... Quels sont les objets dont les Français font le commerce ?

---

transmis par Meadow, qui fut longtemps interprète de la légation britannique. Il est cité par De Mas.

Le mandarin. — Les marchandises des barbares sont les camelots, des laines, des draps, des pendules, des montres, des toiles en coton et autres. Tous les pays en ont, bonnes ou mauvaises.

L'Empereur. — La Chine n'a pas besoin de tissus étrangers, de soie et de coton, et surtout du coton. *Ainsi, voyez, moi, le plus haut des hommes,* mes chemises et mes vêtements intérieurs sont tous en toile de la Corée. Je n'ai jamais fait usage de coton étranger.

Le mandarin. — Les tissus de coton étranger n'ont pas de corps et ne valent rien pour des vêtements.

L'Empereur. — Et ils ne se lavent pas bien.

Et la conversation continue sur le même ton, au sujet de l'opium, etc. Nous avons un autre dialogue entre l'empereur Hien-fung, fils de celui-ci, et un autre mandarin. Il s'y trouve des idées absolument semblables. Qu'en conclure ? Que l'Empereur ne connaît rien que par les rapports de ses mandarins. Or, comme les mandarins sont eux-mêmes mal informés ou dénaturent les faits par prévention, on a le secret du désaccord, des froissements, des luttes qui éclatent entre le gouvernement chinois et les peuples de l'occident.

La campagne de 1860 avait été précédée d'une première expédition en 1858.

Irritées de continuelles violations des traités, la France et l'Angleterre envoyèrent une escadre combinée qui, dès la fin de 1857, bombarda et prit Canton. Le vice-roi Ye fut fait prisonnier et mourut à Calcutta. En mai 1858, l'escadre força les passes du Péï-ho et menaça Tien-tsin. C'est à Tien-tsin que le baron Gros pour la France et lord Elgin pour l'Angleterre, avec les ambassadeurs de Russie et des Etats-Unis, signèrent un traité qui ouvrait de nouveaux ports aux Européens et aux Américains, proclamait la liberté du commerce et de la religion chrétienne, et accordait aux alliés une indemnité de 30 millions (26 juin 1858).

Le traité fut aussitôt violé que conclu. Quand les ambassadeurs se présentèrent à l'embouchure du Péï-ho pour échanger les ratifications, ils furent accueillis à coups de canon. Anglais et Français durent battre en retraite avec des pertes sérieuses. Une nouvelle expédition fut résolue. 10,000 hommes furent confiés au général Cousin Montauban qui arriva le 12 mars 1860 à Shang-haï. Les forces anglaises, sous le commandement du général Hope Grant, s'élevaient à 12,000 hommes.

La campagne fut signalée d'abord par la prise des forts de Ta-Kou, à l'embouchure du Péï-ho (23 août). Mais les négociateurs qui furent envoyés aux Chinois après ce premier succès, MM. Parkes et Escayrac de Lauture, furent l'objet d'odieux traitements. C'est pendant qu'ils étaient livrés aux mandarins, à travers des péripéties dramatiques racontées par M. d'Escayrac dans un livre du plus vif intérêt, que les alliés marchaient sur Pékin et gagnaient les batailles de Tong-tcheou et de Palikao (18 et 21 septembre). Mais le 7 octobre, les vainqueurs pillèrent le Palais d'Eté « où les « splendeurs les plus merveilleuses frappèrent leurs regards « éblouis. Les pierreries les plus précieuses étaient entas- « sées et étincelaient de tous côtés. Chaque pas révélait des « richesses nouvelles dont la magnificence est indescripti- « ble (1). » Après le pillage vint l'incendie allumé par les Anglais.

Le prince Kong, frère de l'empereur, demanda la paix. Les clauses de 1858 furent ratifiées en octobre 1860. On voit que les Chinois ne signent un traité qu'à deux reprises et sous le coup de la nécessité. Ce qui s'est passé en 1842

---

(1) *De Bazancourt*, Campagne de Chine, tome II. — Les richesses du Palais étaient évaluées à 300 millions. L'émotion fut vive en France. Elle se traduisit par un incident législatif. L'Empereur ayant demandé une dotation de 50,000 fr. pour le général Cousin Montauban, créé comte de Palikao, la somme fut refusée par le Corps Législatif en février 1862.

et en 1860 vient de se passer aujourd'hui. Il a fallu toute une année de nouveaux efforts pour faire reconnaître aux Chinois, le 9 juin 1885, un traité qu'ils avaient signé le 11 mai 1884.

Ce qui avait rendu plus facile le succès des Européens, c'était la révolte des *Taï-pings,* qui durait depuis 1854. Ces « rebelles aux longs cheveux, » comme les désignent les annales chinoises, étaient conduits par un chef qui se prétendait un réformateur ; ils avaient pris Nankin, et menaçaient de renverser la dynastie mandchoue, qui occupe le trône depuis deux siècles. La révolte, qui avait désolé plusieurs provinces, ne fut comprimée qu'en 1864, avec le concours des Européens, parmi lesquels il faut citer l'amiral français Protet, qui périt dans une rencontre, et l'officier anglais Gordon, qui fut surnommé Gordon le Chinois *(thé Chinèse Gordon).* Gordon préludait, sur les bords du fleuve Bleu, à la vie d'aventures extraordinaires dont la vallée du Nil a vu, cette année, la fin retentissante.

L'intervention des Européens était au moins superflue. La grande révolte des Taï-pings aurait peut-être abouti au morcellement de l'Empire du milieu, et l'Europe y aurait trouvé son compte, comme dans l'Inde, lors de la mort du Grand Mogol, au XVIIIe siècle. En outre, cet immense service rendu à la dynastie des Mings ne désarma pas l'hostilité de ses sujets, comme on le vit par le massacre de Tien-tsin, le 21 juin 1870. Ce jour-là, le consul de France à Tien-tsin, M. Fontanié, et deux attachés d'ambassade, une dame, huit sœurs de charité, deux missionnaires et trois Russes, pris pour des Français, en tout dix-sept victimes, tombèrent sous les coups de la populace ameutée.

La guerre nous empêcha de tirer vengeance d'un pareil attentat. Ce n'est qu'après la paix que la mission du comte de Rochechouart obtint satisfaction. En 1873, la Chine envoya une ambassade à Versailles pour présenter ses excuses avec une indemnité. On en profita pour faire abolir le cérémonial du *Ko-taou.*

Ainsi, ni les relations commerciales, ni les traités diplomatiques, ni deux guerres successives n'avaient pu gagner la Chine aux idées occidentales. De nouvelles et plus graves difficultés allaient naître de la question du Tonkin. La guerre de Chine s'est greffée en quelque sorte sur l'expédition du Tonkin. Il est donc nécessaire de laisser un instant ce qui n'a trait qu'à la Chine pour voir quels événements nous ont mis en présence de ses réguliers dans la vallée du fleuve Rouge, tandis que nous étions forcés de bloquer ses côtes méridionales, de bombarder son arsenal de Fou-Tchéou, et de descendre à Formose et dans les Pescadores.

II.

On sait aujourd'hui, mais à quel prix, que le Tonkin est une province de l'empire d'Annam, limitrophe de la Chine. On ne comprendrait pas ce que nous venons d'y faire, si l'on ne savait d'abord comment nous nous trouvons dans la Cochinchine et comment nous avons été conduits à en sortir (1).

Il importe de montrer, tout d'abord, que la question du Tonkin n'est pas sortie du hasard, comme on le croit trop communément, mais qu'elle est une œuvre déjà vieille, conçue il y a juste un siècle, reprise par tous nos gouvernements, et dont la réalisation avait toujours été retardée.

C'est en 1785, en effet, que la France fut appelée à s'immiscer dans les affaires de l'Annam. Le souverain du pays, Gia-Long, chassé du trône par des rebelles, implora le secours de la France sur les conseils d'un missionnaire français dont le nom est resté populaire là bas, Pigneau de

---

(1) Voir à la fin la liste de tous les ouvrages à consulter pour l'histoire du Tonkin.

Behaine, évêque *in partibus* d'Adran. Pigneau vint à Versailles, où il fut bien accueilli, et signa avec M. de Montmorin, ministre des affaires étrangères, le traité du 28 novembre 1787. Louis XVI accordait au souverain de l'Annam un secours de 1,650 hommes, de l'artillerie, des armes, quatre frégates et plusieurs bâtiments de transport. En retour, notre allié nous cédait la baie et le port de Tourane, avec l'archipel Poulo-Condor, au large de l'embouchure du Me-Kong.

L'évêque d'Adran revint par Pondichéry, dont le gouverneur, le comte de Conway, devait commander l'expédition projetée. Mais celui-ci s'y montra peu favorable ; les desseins de Pigneau avortèrent. Au lieu du secours important qu'on lui avait promis, le prélat n'obtint que l'escorte d'une frégate pour deux navires de commerce qu'il avait armés et équipés à ses frais. Il était d'ailleurs accompagné d'officiers français Chaigneau, Vannier, de Forçant, rejoints plus tard par l'officier du génie Ollivier, l'ingénieur Le Brun, le lieutenant-colonel Barisy, le capitaine de vaisseau Julien Girard de Lisle-Sellé, le lieutenant de vaisseau Louis Guillon, le médecin Despiaux. Ce sont ces officiers qui ont construit la citadelle de Hué, et l'ont fortifiée à la Vauban ; ce sont eux qui ont rendu le trône à Gia-Long. Ce sont eux, enfin, et le détail est curieux, qui ont conquis le Tonkin pour l'Annam, en 1802. Nous ne faisons donc que reprendre à l'Annam ce que nous lui avons donné.

La mort de Pigneau de Behaine, en 1799, avait porté un coup sensible à l'influence française. Beaucoup de nos compatriotes le suivirent dans la tombe. Il ne resta plus que Chaigneau et Vannier qui permirent plus tard à Louis XVIII de reprendre l'œuvre de Louis XVI.

En 1817, des armateurs se proposant une expédition dans le Tonkin et la Cochinchine, Louis XVIII profita de la présence de Chaigneau pour solliciter l'appui de Gia-Long et nouer des relations commerciales avec l'Annam. Chaigneau, qui était rentré en France, fut renvoyé à Hué, en 1820, avec une commission de consul et des pouvoirs spéciaux pour la conclusion d'un traité avec la Cochinchine. Malheureusement notre vieil ami Gia-Long vint à mourir. Son fils refusa notre alliance, et Chaigneau revint en France.

Ce fut le terme de notre influence en Cochinchine. Les étrangers, surtout les missionnaires, y furent exposés à d'indignes violences qui provoquèrent plusieurs expéditions de Louis-Philippe, en 1843, 1844, 1847. Enfin, l'occasion s'offrit de reprendre pied dans un pays où nous avions laissé des souvenirs. L'Empire la saisit. On sait les événements qui nous ont donné trois provinces de la basse Cochinchine, en 1862 ; qui en ont ajouté trois autres en 1867, et nous ont valu, par surcroît, le protectorat du Cambodge.

Nous possédons maintenant une belle colonie, traversée par le fleuve Me-Kong ou Cambodge, qui descend du nord, et qui finit par un vaste delta après un cours d'environ 3,500 kilomètres. Dès le lendemain de l'acquisition de cette vallée, on se demanda si elle n'ouvrait pas une route naturelle entre le littoral et les provinces du sud-ouest de la Chine, telles que le Yu-Nan et le Sze-Tchouen. L'exploration du Me-Kong par le capitaine de frégate Doudart de Lagrée et le lieutenant de vaisseau Francis Garnier (1866-1868), à côté de beaux résultats scientifiques, révéla un fait regrettable : c'est que le Me-Kong, à cause des rapides et des chutes qui en obstruent le cours, reste fermé à la navigation à vapeur.

Il fallait donc trouver un chemin de ces provinces à la mer, autre que le Yang-tse-Kiang dont la batellerie est fort longue, autre que l'Iraouaddy, par où les Anglais ont essayé d'attirer le trafic chinois vers la Birmanie. Ce chemin, les explorateurs du Me-Kong l'avaient deviné. Il traverse le Tonkin ; c'est la vallée du fleuve Rouge, et c'est un Français qui l'a découvert, M. Jean Dupuis.

M. Dupuis était établi à Han-Keou sur le Yang-tse depuis

1860. Enrichi par son activité, son intelligence et sa probité, en relations avec les autorités du pays, au courant de la langue et des usages, il se proposa de reconnaître la vallée du fleuve Rouge. Dans un premier voyage, en 1868, il ne put dépasser la capitale du Yu-Nan. La province était livrée au désordre. Des Chinois musulmans, dits *Pavillons blancs*, y étaient en lutte contre l'Empire. Dans un deuxième voyage (1870-71), il repartit de Han-Keou, gagna le Yu-Nan, atteignit la vallée du Song-Koï et la descendit jusqu'à Kouen-Ce, bien accueilli par les indigènes, et surpris des richesses végétales et minérales du pays. Il revint à Han-Keou, en décembre 1871, ayant parcouru en quinze mois plus de 8,000 kilomètres, et il a raconté son voyage à la Société de Géographie, en 1877 (7 février).

Pour explorer plus complètement la route nouvelle, il se fit donner une mission par le gouvernement chinois. Il se chargea de fournir des armes aux mandarins qui luttaient contre les rebelles, et il entreprit de les amener par la vallée du Song-Koï.

Il vint à Paris en 1872. Il vit le ministre de la marine, qui était alors l'amiral Pothuau, et lui exposa son projet, qu'il formulait ainsi : ouverture d'une voie de communication courte, rapide et économique de la mer avec les provinces du sud-ouest de la Chine (1). On l'écouta, sans lui promettre aucun appui officiel. Il fit ses achats d'armes et de munitions et repartit pour le Tonkin. A Ha-Noï, il fut arrêté par les Annamites. Suivant eux, il ne tenait ses pouvoirs que du gouverneur du Yu-Nan, non du vice-roi de Canton. Il laissa alors ses marchandises à Ha-Noï sous la garde de M. Millot, son associé et son ami, et remonta dans le Yu-Nan, où il fut accueilli avec transports par le maréchal Mâ, vainqueur de

---

(1) Voir *J. Dupuis.* — La route commerciale française du golfe du Tonkin à la Chine par le fleuve Rouge. *Explorateur,* 1876.

l'insurrection. Il en obtint les lettres qu'il voulait, acheva de reconnaître la vallée du fleuve Rouge et regagna Ha-Noï (avril 1873).

Les Annamites étaient dans un cruel embarras. Arrêter M. Dupuis comme Français, c'était encourir les reproches de la France. L'arrêter comme agent chinois, c'était s'attirer ceux de la Chine. Ils s'adressèrent au gouverneur de la Cochinchine, à l'amiral Dupré. Celui-ci envoya Francis Garnier.

Garnier partit de Saï-gon, au mois d'octobre, avec une poignée d'hommes. Sa mission officielle était de trancher le différend entre M. Dupuis et les Annamites. Mais il partageait les vues de M. Dupuis sur le Tonkin ; il s'associait à sa politique coloniale, en déplorant qu'elle ne fût pas mieux soutenue par le Gouvernement. Il exigea que le Song-Koï fût rouvert au commerce. La malveillance persistante des Annamites l'irrita. Avec 90 hommes, en moins d'une heure, il s'empara de la citadelle d'Ha-Noï. D'autres officiers, MM. Balny d'Havricourt, de Trentinian, de Hautefeuille, Bain, Esmez, le docteur Harmand, se signalèrent par la même valeur et la même rapidité. Ils s'emparèrent des places du Delta : Haï-phong, Haï-Dzuong, Nam-Binh, Phu-ly, etc. En trois semaines, le Tonkin était à nous. Cette conquête de tout un royaume par une poignée de soldats et de marins rappelait les exploits des *conquistadores* espagnols du XVIe siècle. Elle restera une des pages les plus émouvantes de notre histoire coloniale (1).

Les Annamites demandèrent à traiter, et pendant les négociations poussèrent les Pavillons Noirs contre les Français. Garnier périt dans une sortie sous les murs de Ha-Noï, le 21 décembre. Mais sa mort, si regrettable qu'elle fût, ne changeait rien à la situation. Il était remplacé par M. Esmez.

---

(1) *Le Tour du Monde*, 1877, 2e semestre. On y trouvera toute cette histoire résumée par M. Romanet du Caillaud.

Les officiers français, maîtres du Delta, rétablissaient l'ordre, assuraient le rendement des impôts, protégeaient le travail agricole et se faisaient aimer des indigènes, dans un pays qui compte près d'un demi-million de chrétiens. Le Tonkin était conquis, nous pouvions le garder, ou, tout au moins, remplacer le gouvernement de Tu-Duc, notre allié infidèle, par celui de la famille rivale des Lé, dont les partisans n'attendaient que notre signal pour se soulever.

Au lieu de cela, l'amiral Dupré envoya la mission Philastre. M. Philastre, inspecteur des affaires indigènes, à Saïgon, était chargé de rendre le Tonkin à l'Annam. Il le fit au-delà de toute espérance. Dès son arrivée à Ha-Noï, le 3 janvier 1874, il désavoua Garnier, dont il insulta la mémoire en le traitant de « forban, de pirate, qui aurait mérité de « passer en conseil de guerre, s'il eût survécu ». Il osa dire que les Français étaient en Cochinchine « comme des brigands et des voleurs » et qu'il ferait « pendre M. Dupuis, s'il le pouvait. » Puis, il fit remettre les places prises par nous, laissa abattre et fouler aux pieds notre pavillon ; enfin, signa, le 6 février, une convention qui stipulait l'abandon du Tonkin et l'expulsion de M. Dupuis. Quoiqu'ils en eussent, nos officiers durent obéir. Le Tonkin fut évacué, M. Dupuis fut expulsé de Ha-Noï. Ses caisses, mises sous séquestre, furent pillées par les Annamites (1). Et toutes ces concessions aboutirent à quoi ? Au traité du 15 mars 1874, entre la France et l'Annam.

L'Annam obtenait : la reconnaissance d'une souveraineté indépendante ; l'appui gratuit de la France pour maintenir la tranquillité dans ses états ; cinq bâtiments de guerre, cent canons, mille fusils, des munitions, des instructeurs

---

(1) *E. Bouchet, député.* — Rapport fait à la Chambre des Députés sur la pétition du sieur Jean Dupuis, citoyen français, demeurant à Han-Keou (Chine). Versailles, chez Cerf, in-4°, 1879. Les services de Dupuis y sont très-clairement exposés.

militaires et des marins pour reconstituer son armée et sa flotte ; la remise de ce qui restait dû à la France de l'ancienne indemnité de guerre (environ cinq millions). En retour, l'Annam voulait bien nous accorder : la souveraineté de nos six provinces de Cochinchine ; la liberté de la religion chrétienne, enfin l'ouverture au commerce de trois ports du Tonkin, dont Ha-Noï, ainsi que le passage par le fleuve Rouge, depuis la mer jusqu'au Yu-Nan, moyennant redevance.

Ce traité fut approuvé le 4 août 1874 par l'Assemblée de Versailles, bien qu'il semblât plutôt imposé à la France, que dicté par elle. Il nous laissait dans une situation bien différente de celle que nous aurions obtenue au lendemain de l'expédition Garnier, alors que nous tenions en gages les places du Tonkin.

En outre, si accommodant qu'il fût pour l'Annam, il ne supprimait pas les difficultés pendantes. Elles reparurent presque aussitôt. Ni la liberté religieuse, ni la liberté commerciale ne furent respectées. On massacra des chrétiens, nombreux au Tonkin ; le commerce sur le Song-Koï fut entravé. Le fleuve fut absolument livré aux *Pavillons Noirs*, pirates tolérés par l'Annam, encouragés peut-être par la Chine, et dont les ravages rendirent nécessaire une nouvelle intervention de la France.

L'intervention décidée en 1880 par le ministère, préparée en 1881 par le gouverneur de la Cochinchine, Le Myre de Vilers, fut confiée, en 1882, au capitaine de frégate Henri Rivière, également estimé dans la marine pour ses brillants services, et dans le public pour ses œuvres littéraires, d'un talent fin et original (1). Il partit de Saïgon le 26 mars 1882

____

(1) Rivière était né à Paris en 1827. Il était entré à l'Ecole navale en 1843. Aspirant en 1845, enseigne de vaisseau en 1856, capitaine de frégate en 1870, il avait pris part à l'expédition du Mexique et à la répression de l'insurrection canaque

avec une petite escadre formée du *Pluvier*, portant son pavillon, du *Drac*, du *Parceval*, du *Léopard* et de l'*Hamelin*, et 600 hommes environ. Il débarqua à Haïphong le 1er avril, et le 2, il s'établit à Ha-Noï dans la concession française où se trouvaient déjà deux compagnies d'infanterie de marine avec le chef de bataillon Berthe de Villers.

Il arriva de l'expédition Rivière ce qui était arrivé de l'expédition Garnier. Envoyé pour une mission pacifique, c'est-à-dire pour assurer le respect des conventions passées entre la France et l'Annam et faire la police du fleuve Rouge, Rivière ne roulait plus que des projets belliqueux. Il pensait que de beaux coups d'épée s'ajouteraient merveilleusement à ses succès d'écrivain, et il songeait à gagner, comme il disait, « l'Académie en passant par le Tonkin ». Il regardait comme un danger de laisser la citadelle d'Ha-Noï aux Annamites. Il s'en empara, par un hardi coup de main, le 26 avril ; mais il n'osa attaquer Son-Tay et Hong-Hoa.

Il dut passer le reste de l'année dans l'inaction, alors que les Annamites traitaient avec les Chinois. Au commencement de 1883, la *Corrèze* lui amena un renfort de 750 hommes. Mais le cercle des ennemis se resserrait autour de Ha-Noï. Il fut forcé de s'emparer de Nam-Dinh, le 27 mars, tandis que Berthe de Villers repoussait une attaque dirigée contre Ha-Noï (26, 27 mars).

Il revint précipitamment à Ha-Noï d'où il adressa aux troupes l'ordre du jour suivant :

Ha-Noï, 2 avril 1883.

Soldats et marins,

Pendant que vos camarades prenaient la citadelle de Nam-Dinh, vous repoussiez ici les troupes annamites et les

---

dans la Nouvelle-Calédonie. Ses œuvres littéraires sont des études historiques sur la marine d'autrefois et la nouvelle Calédonie, des romans (*Caïn*, *Les Méprises du Cœur*, etc), et des pièces de théâtre.

Drapeaux noirs qui attaquaient la pagode et qui se disposaient à investir Ha-Noï. Vous faisiez plus, vous rejetiez ces troupes sur leurs villages de la rive gauche et vous les leur enleviez.

A Ha-Noï et à Nam-Dinh, vous étiez dignes les uns des autres ; vous avez tous montré la vaillance, la discipline et l'élan qui font que le soldat est fier de lui-même et que le pays est fier de lui. Vous avez bien agi.

Vive la France !

La France commençait à s'inquiéter de ce qui se passait là-bas, et la question du Tonkin entrait peu à peu dans les préoccupations de l'opinion publique. Elle y vivait, en quelque sorte, d'une façon latente, quand l'avènement d'un nouveau ministère, celui du 22 février 1883, aida à la dégager et à la mettre en lumière (1). Le 14 mars, dans le Sénat, M. de Saint-Vallier demanda à M. Challemel-Lacour, ministre des affaires étrangères, ce que l'on comptait faire au Tonkin. M. de Saint-Vallier insista sur l'importance du Tonkin, en particulier, et, en général, sur le besoin d'une politique intelligente dans l'Extrême-Orient.

Le ministre répondit en reconnaissant la nécessité d'une politique coloniale, conforme aux traditions de l'ancienne France et déclara qu'en particulier, pour le Tonkin, il fallait faire rigoureusement observer le traité de 1874 qui institue à notre bénéfice une espèce de protectorat sur l'Annam. Le ministre ajouta qu'il travaillait à cette question.

La solution en fut précipitée par les événements mêmes du Tonkin. Après les incidents qui avaient marqué la fin

---

(1) Ce ministère était composé de MM. Jules Ferry, à l'instruction publique, président du Conseil ; Challemel-Lacour, affaires étrangères ; Waldeck-Rousseau, intérieur, etc. Sauf quelques modifications de personnes, ce ministère allait subsister jusqu'au 30 mars 1885.

de mars, une si vive agitation se manifesta à Hué que M. Reinhart, notre chargé d'affaires, quitta la ville avec tout le personnel de la légation pour s'établir à Saïgon.

Le gouvernement déploya une activité louable. Dès le 12 avril, il nommait M. de Kergaradec, lieutenant de vaisseau et ancien consul à Ha-Noï, commissaire extraordinaire auprès de S. M. Tu-Duc, souverain de l'Annam. Presque aussitôt, M. de Kergaradec prit la mer à Toulon, avec une lettre autographe de M. Grévy à Tu-Duc — lettre recouverte d'une feuille de soie jaune, conformément aux usages de l'Orient. Le 27 avril, le ministre des affaires étrangères et son collègue de la marine demandèrent à la Chambre un crédit de 5 millions 300,000 francs. Une claire et substantielle déclaration exposait les desseins du gouvernement.

Une commission fut nommée qui s'entoura de tous les renseignements nécessaires pour une question aussi spéciale et aussi importante. Elle fit venir et interrogea M. Dupuis, l'explorateur du Tonkin; elle obtint du gouvernement des explications sur les limites précises de notre intervention; bref, la commission se montra favorable au projet et nomma comme rapporteur M. Blancsubé, député de la Cochinchine. Le long et consciencieux rapport de M. Blancsubé qui faisait l'histoire de la question du Tonkin depuis la conquête de Garnier jusqu'aux derniers événements fut discuté, à la Chambre, dans la séance du 15 mai.

Seuls, les partis extrêmes s'y montrèrent hostiles. La droite, par l'organe de M. Delafosse, l'extrême-gauche, par celui de M. Georges Perin. Tout le poids de la discussion fut soutenu par le ministre des affaires étrangères qui remporta un brillant succès. L'ensemble du projet fut adopté par 351 voix contre 48.

Il fut aussitôt envoyé au Sénat qui s'y montra également favorable. M. de Saint-Vallier était rapporteur. La discussion eut lieu le 24 mai. M. Challemel-Lacour s'y fit applaudir comme à la Chambre. A ceux qui voulaient qu'on s'abstînt de toute intervention au Tonkin, de peur de compromettre la dignité de la France, il répondit que la dignité de la France lui commandait, au contraire, d'intervenir. Il montra que la force de notre pays repose non seulement sur ses ressources matérielles, mais encore sur notre foi en nous-mêmes, sur notre confiance dans l'avenir. Or, cette force morale subirait une grave atteinte, si l'on nous voyait, au moindre soupçon de périls plus ou moins imaginaires, reculer devant l'affirmation et le maintien de nos droits les plus incontestables dans l'Extrême-Orient.

L'article 2, qui instituait un commissaire général civil, avait été été écarté. L'ensemble du projet fut voté par 215 voix sur 218. La droite s'était abstenue.

Le 26 mai, en même temps que paraissait un décret qui nommait Rivière commandant supérieur des forces françaises au Tonkin, on recevait la nouvelle de sa mort. Il était tombé le 19 mai, sous les murs d'Ha-Noï, dans une sortie, comme son prédécesseur Francis Garnier. Cette nouvelle, communiquée aussitôt à la Chambre, l'anima d'un noble sentiment. Lorsque le projet d'intervention lui fut présenté, elle l'adopta à l'unanimité de 507 votants. C'est la seule fois que toute la Chambre se soit trouvée d'accord (26 mai 1883).

Les renforts envoyés d'urgence, dès la fin de mai, arrivèrent au Tonkin dans le courant de juillet. La saison était défavorable à cause des inondations qui rendent le Delta presque impraticable. Le général Bouet, commandant des troupes de la Cochinchine, appelé à remplacer Rivière, n'en avait pas moins pris possession de son commandement le 15 juin. Le 15 août, à la tête de 1,800 hommes partagés en trois colonnes, il sortit dans la direction de Son-Tay, mais il échoua devant un ennemi fortement retranché, et dut rentrer à Ha-Noï. Heureusement, le lieutenant-colonel Brionval s'empara, presque sans coup férir, d'Haï-Dzuong et assura ainsi une nouvelle route à nos communications avec la mer.

Pendant ce temps, l'amiral Courbet dirigeait contre l'Annam d'habiles et énergiques opérations.

L'empereur Tu-Duc était mort brusquement le 20 juillet, laissant le trône à son neveu Hiep-Hoâ. Profitant du désarroi où cette mort jetait la Cour, la flotte française força les passes de la rivière de Hué, le 18 août, et bombarda les forts de Thuan-An qui furent enlevés le 20, par les troupes de débarquement. Le nouveau roi sollicita une suspension d'armes. Le 23, M. Harmand, commissaire général civil, se rendit à Hué, et signa le traité du 25 août, qui confirmait le protectorat français sur l'Annam et le Tonkin. Ce traité, qui fut révisé par M. Patenôtre, le 6 juin 1884, donnait à la France un avantage immédiat : celui de rendre disponibles les forces de l'amiral Courbet qu'on dirigea sur le Tonkin. Mais il ne tranchait pas encore complètement la question de l'Annam, et il fournit à la Chine l'occasion d'intervenir.

III.

La Chine n'avait pas protesté contre le traité du 15 mars 1874, bien qu'elle regardât l'Annam comme un pays vassal. En 1875, sur nos réclamations présentées par M. de Rochechouart, elle avait empêché ses troupes d'entrer dans le Tonkin. Elle avait fait de même en 1879.

Elle ne tarda pas cependant à s'émouvoir de notre présence dans le Tonkin. Dès la fin de 1882, ses dispositions étaient si malveillantes, que notre ministre à Pékin, M. Bourée, crut la guerre inévitable. C'est pour la prévenir que M. Bourée engagea avec Li-Hong-Chang, vice-roi du Petchi-li, un des fonctionnaires les plus intelligents de l'Empire, le plus ouvert aux idées occidentales, des négociations toutes personnelles, et convint d'une sorte d'arrangement qui n'avait rien d'officiel, qui n'était même pas très clair dans sa teneur, mais qu'on n'en a pas moins appelé le *traité Bourée.*

Une véritable légende s'est formée autour de ce traité, bien que M. Challemel-Lacour en ait fait l'histoire à deux reprises, devant le Sénat et devant la Chambre.

Dans la séance du Sénat du 2 juin 1883, le ministre des affaires étrangères s'exprimait ainsi :

« Je dois, messieurs, appeler d'abord l'attention du Sénat sur deux points qui sont à remarquer. Le premier, c'est qu'il n'a jamais été demandé par M. Bourée, ni donné par le gouvernement à M. Bourée aucune autorisation préalable d'entamer des négociations ; il les a engagées de lui-même, sans instructions, précipitamment, à tel point que dans les conversations qu'il a eues avec le vice-roi de Pe-tchi-li et dont il nous a rendu compte, ce vice-roi qui ne paraît pas lui-même avoir été accrédité bien régulièrement comme négociateur, a exprimé à M. Bourée le doute qu'il eût les pouvoirs nécessaires pour traiter, et qu'il fût autre chose — c'est l'expression dont se sert M. Bourée — qu'un éclaireur.

« M. Bourée a entamé ces négociations sous l'empire d'une pensée que nous considérons comme très exagérée : c'est qu'à cette époque, c'est-à-dire en octobre et en novembre 1882, une guerre entre la Chine et la France au sujet du Tonkin était imminente, inévitable. Il a pris sur lui hardiment, librement, sans instructions, sans autorisation, de la conjurer. Rien n'indiquait alors, et rien n'a donné lieu de croire depuis ce temps, rien n'autorise encore, à l'heure qu'il est, à penser qu'un pareil danger fût à craindre, que les détachements chinois, plus ou moins nombreux qui avaient pénétré au Tonkin, fussent en état de mettre notre petite troupe en échec, et que leur présence dénotât, de la part de la Chine, la résolution de nous déclarer la guerre.

« .... Le second point à remarquer, et cette observation pourra étonner quelques personnes, c'est qu'il n'y a jamais eu de traité, c'est qu'il n'y a pas même eu de convention proprement dite. Il y a eu des pourparlers prolongés qui ont abouti à un projet d'arrangement sur des bases vague·ment esquissées et qui ont été présentées au gouvernement sous des formes diverses et peu concordantes entre elles. »

Après avoir donné une idée de ces clauses « vagues et peu concordantes », le ministre ajoutait :

« Nous n'avons pas été étonnés, Messieurs, je dois le dire, de l'avortement, selon nous inévitable, de négociations entamées précipitamment et conduites avec un zèle à tout le moins trop impatient, sous l'empire d'idées exagérées et fausses ; nous n'en avons pas été surpris ; mais ce serait se tromper beaucoup, ce serait se méprendre sur nos senti-ments que de croire que nous nous en sommes jamais féli-cités. » Et le ministre terminait en exprimant l'espoir, en donnant même l'assurance que la Chine resterait en paix avec nous.

Dans la séance de la Chambre, du 10 juillet, M. Challemel-Lacour fut appelé à donner de nouveaux et longs dévelop-pements sur nos rapports avec la Chine. Il prouva, pièces en main, que le Céleste Empire n'avait élevé aucune récla-mation sur le traité de 1874 ; qu'en 1875 même, sur les plaintes de la France, il s'était engagé à empêcher ses troupes d'entrer dans le Tonkin. Puis, arrivant au traité ou plutôt à l'arrangement Bourée, le ministre en refit l'histoire, montra M. Bourée hostile jusqu'au 4 novembre à toute com-position avec la Chine, désireux de voir la France suivre une politique plus énergique et plus prompte, et poursui-vant son récit :

« Trois semaines se passent. Nous sommes au 23 no-vembre. M. Bourée, mieux informé des desseins et des vues réelles du gouvernement chinois, puisqu'il lui a été fait, malgré lui sans doute, des ouvertures dans la forme la plus positive et la plus claire, à la date du 21 novembre, n'a nul-lement changé d'opinion : il continue à repousser ce qu'on lui propose, sans s'abuser d'ailleurs sur les protestations qu'il reçoit du Tsong-li-Yamen, sans cesser de réclamer une action énergique :

« Il me paraît bien difficile, dit-il, au point où sont arrivées les choses, d'obtenir du gouvernement chinois qu'il retire ses troupes ; alors même qu'il me le promettrait, je ne voudrais pas compter sur sa promesse ; aussi, comme je l'écrivais à Votre Excellence dans un de mes précédents rapports, tout l'intérêt des discussions de principe que je pourrais encore avoir ici semble épuisé. Il ne nous reste plus qu'à agir, et à agir avec autant de pomptitude que de vigueur, si nous ne voulons pas laisser accumuler contre nous, au Tonkin, des obstacles. »

Et, dans la même dépêche, il ajoute ces lignes patriotiques que je ne veux pas manquer de placer sous vos yeux :

« Je n'entrevois pas sans la plus poignante inquiétude ce qui adviendrait de nous, de notre influence, de nos conquêtes dans ces mers, de la sécurité de nos nationaux dans tout l'Extrème-Orient, si la crainte d'engager des opérations de guerre étendues dans ces contrées lointaines devait nous faire renoncer à des projets si bruyamment annoncés, ayant même reçu un commencement d'exécution et qu'une démonstration militaire de la Chine nous aurait contraints à abandonner, là même où des traités remontant à six années nous ont constitué, avec une situation privilégiée, des droits dont tous les grands cabinets européens ont été appelés à reconnaître solennellement l'existence. »

Ainsi pense, ainsi parle, ainsi écrit M. Bourée, le 23 novembre, et le 28 novembre, il accepte les conditions qu'il avait repoussées jusque-là avec tant d'énergie et de raison.

Que s'était-il donc passé, messieurs ? Rien, absolument rien de nouveau. M. Bourée, qui est en Chine depuis plusieurs années et qui connaît les Chinois, voit tout à coup la guerre lui apparaître, imminente, inévitable. Pourquoi ? Parce qu'il y avait des bandes chinoises au Tonkin ? Mais il y en avait en 1875, et il avait suffi d'une démarche de M. de Rochechouart pour les faire rappeler. Il y en avait en 1879, et elles s'étaient également retirées. Il y en avait en 1881 et au commencement de 1882, et elles avaient disparu sur un ordre vigoureux et nécessaire donné par le gouverneur de la Cochinchine au commandant Rivière de les traiter en ennemis. Que s'était-il passé? Je ne me charge pas de découvrir, encore moins de faire connaître avec certitude les raisons psychologiques ou politiques de cette brusque évolution. Ce que je puis dire, c'est que ce revirement a été malheureux et que les négociations qui l'ont suivi n'ont été et ne pouvaient être qu'une cause d'embarras. »

Le ministre exposa encore une fois le projet de traité conçu par M. Bourée, justifia le gouvernement de l'avoir repoussé, et conclut en disant :

« Notez-le bien, messieurs, il n'y avait entre la Chine et nous aucune question; nous n'avions nul besoin de négocier avec la Chine avant les négociations, selon nous malencontreuses, dans lesquelles s'est engagé notre agent au mois de novembre. Aujourd'hui, après l'émotion sincère ou factice causée par le rejet de cet amendement en Chine et en France, nous consentons à chercher de bonne foi et nous accepterons, sans arrière-pensée, une combinaison qui assure tous les intérêts..... »

L'arrangement Bourée comprenait deux clauses principales : L'une était l'ouverture d'un port du fleuve Rouge (Lao-Kaï) au commerce international, suivant les conditions faites aux autres ports du littoral chinois. L'autre, la plus importante, établissait entre la Chine et le Tonkin une espèce de zone neutre, destinée comme on le disait en style imagé, à servir de « *matelas amortissant* » entre les deux voisins. Moyennant l'établissement de cette zone tutélaire, la Chine aurait reconnu notre protectorat sur le Tonkin.

Mais, d'une part, l'ouverture d'un port du fleuve Rouge au commerce international, nous aurait conduits à la neutralisation du fleuve même ; à l'immixtion des étrangers au cœur même de nos possessions du Tonkin ; à l'obligation de subir les tarifs étrangers, et à l'impossibilité d'établir pour notre industrie des tarifs protecteurs, finalement à la diminution de notre influence nationale dans l'Annam. D'autre part, l'établissement de la zone neutre, sans parler des difficultés matérielles de la délimitation, loin de garantir notre protectorat contre la Chine, en impliquait le partage avec elle. Pour plusieurs raisons commerciales et politiques, ces conventions vagues et officieuses n'étaient pas acceptables. D'ailleurs, le Tsong-li-Yamen y répondit par des contre-propositions qui l'étaient moins encore. M. Bourée fut rappelé dans le courant de l'année, et remplacé par M. Tricou, qui céda lui-même la place à M. Patenôtre (Décret du 12 septembre 1883).

Ce qui reste établi cependant, c'est que M. Bourée ne se trompait pas quand il croyait à la guerre, quand il annonçait que les réguliers chinois descendaient vers le Tonkin pour s'y joindre aux Pavillons Noirs. On allait bientôt s'en apercevoir, malgré les dénégations du gouvernement. Car le gouvernement était souvent interpellé sur cette question : étions-nous en guerre avec la Chine ? Il se tirait assez heureusement d'affaire, grâce à M. Challemel-Lacour, et plus tard grâce à M. Jules Ferry qui remplaça M. Challemel, le 20 novembre, au ministère des affaires étrangères (1). Mais en même temps que les ordres du jour de confiance se succédaient dans le Parlement, les difficultés s'amassaient dans la vallée du fleuve Rouge, et elles éclataient déjà à Paris avec le ministre de Chine, le marquis Tseng.

Les Chambres se réunirent le 23 octobre. Elles reçurent

---

(1) Je laisse de côté les détails parlementaires qui me feraient sortir du résumé purement historique et militaire où j'ai résolu de me restreindre. Voir aux annexes la série des ordres du jour de confiance obtenus par le ministère jusqu'au 30 mars.

un *Exposé de la situation* des affaires du Tonkin, composé de deux parties : l'une, relative aux opérations militaires écoulées depuis l'échec de Son-Tay, et au rappel du général Bouet, remplacé par le contre-amiral Courbet ; l'autre, bien plus intéressante, relative aux négociations diplomatiques. On y suivait le progrès des exigences chinoises depuis le mois de mai jusqu'au 15 octobre.

On y voyait M. Tricou près de conclure un arrangement satisfaisant avec Li-Hong-Chang sur la question des rapports commerciaux ; le ministre chinois, encouragé par la mort du commandant Rivière et la timidité de nos mouvements militaires, rompant subitement la négociation, et quittant Shang-Haï pour rentrer à Pékin. A Paris, le marquis Tseng niait qu'aucun appui officiel fût prêté par la Chine aux rebelles du Tonkin, mais il réclamait, dès le 18 août, l'évacuation du Tonkin par les Français, la Chine se chargeant d'y rétablir l'ordre et promettant d'ouvrir « certaines » villes au commerce étranger. A quoi M. Challemel-Lacour répondait, le 27, qu'il n'avait pas à traiter avec la Chine de notre situation dans l'Annam et le Tonkin, mais seulement à s'entendre avec elle au sujet de la sécurité des frontières et du commerce chinois. Le 15 septembre, il indiquait dans un memorandum à quelles conditions on pourrait traiter : établissement d'une zone neutre entre la frontière chinoise et une ligne tracée entre le 4° et le 22° latitude ; ouverture de la ville chinoise de Mang-hao au commerce étranger. Le 18, dans une conversation, le marquis Tseng déclarait la zone neutre peu acceptable et se prononçait pour une « rectification de frontières. » Enfin, le 15 octobre, l'ambassadeur de Chine remettait au quai d'Orsay une note réclamant le *statu quo ante* 1873, c'est-à-dire l'abandon des traités de 1874 et du 25 août dernier, et l'évacuation du Tonkin.

Le gouvernement, appuyé par un vote de confiance, le 31 octobre, témoigna la résolution d'agir avec énergie, surtout quand la Chine eut encore déclaré le 17 novembre qu'elle

tenait garnison à Son-Tay et à Bac-Ninh et qu'elle regar-
derait comme un *casus belli* toute attaque contre ces deux
villes.

Le général Bouet, comme nous l'avons vu, avait été rappelé dans le courant de septembre « pour raison de santé. »
Il fut remplacé par le contre-amiral Courbet qui reçut le
commandement supérieur des forces de terre et de mer.

Le contre-amiral Courbet était entré dans la marine par
l'Ecole Polytechnique. Il y avait apporté la précision des
études mathématiques. Malgré de longs services à la mer,
occupés par d'incessants travaux personnels, il était encore
peu connu. La campagne de Chine le rendit populaire. Deux
années, marquées d'actions retentissantes, suffirent pour
attacher à son nom avec la reconnaissance de la France le
souvenir de la postérité.

Décidé à s'emparer de Son-Tay, l'amiral prépara l'expédition avec un soin et une habileté remarquables. Il concentra
tout sous sa main, l'armée et la flottille, les convois et les
canonnières. Quand il eut assuré sa ligne de retraite et sa
base de ravitaillement, il poussa en avant. Le 11 décembre,
la petite armée franchit le Daï. Le 14, elle attaqua les ouvrages extérieurs de Son-Tay, formés de plusieurs villages,
qui furent défendus avec acharnement, mais qui tombèrent,
le 16, sous l'assaut impétueux de l'infanterie de marine et
des turcos. La place fut évacuée la nuit, par les Chinois, et
occupée, le 17, sans résistance. Les deux journées du 14 et
du 16 décembre nous coûtaient 85 tués, dont 4 officiers, et
240 blessés. C'était un beau fait d'armes qui mérita les
éloges de la presse étrangère, et donna à la France une
satisfaction patriotique. La baisse des eaux ne permit pas
de prendre Hong-hoa qui surveille le Song-Koï. Mais on
pensa qu'après Son-Tay, il ne restait plus qu'à faire tomber
Bac-Ninh pour amener la conclusion de la paix.

L'amiral Courbet dirigeait une reconnaissance sur Bac-
Ninh, quand le télégraphe lui apprit qu'il était remplacé. Il

l'était, en effet, par le général Millot, qui semblait jouir de toute la faveur du gouvernement, et auquel on associait les généraux Brière de l'Isle et Négrier. Il rendit son commandement le 12 février, non sans une vive déception. « En trois mois, disait-il, et avec 2,000 hommes de renfort, j'aurais pacifié le Tonkin. » Et il remonta sur ses bâtiments.

C'est à prendre Bac-Ninh que travailla le général Millot. La route en était semée d'ouvrages et de retranchements où s'abritaient des forces chinoises qui s'élevaient à 22,000 hommes environ. Bac-Ninh n'en renfermait guère que 12,000. Un mouvement tournant habilement combiné et rapidement conduit rendit inutiles les formidables défenses accumulées par les Chinois. Le général Négrier, après avoir chassé l'ennemi de la rive droite dn Song-Koï, arriva devant la ville, n'y rencontra personne et s'y installa à six heures du soir, le 12 mars. Les Chinois avaient battu en retraite laissant un matériel considérable, plusieurs batteries de canons Krupp, des milliers de fusils et de nombreux drapeaux. La campagne était terminée après quatre jours de marche, pendant lesquels nous n'avions eu que 6 tués et 22 blessés.

Deux colonnes furent lancées dans la direction de Thaï-Nguyen, qui fut prise le 20 mars par Brière de l'Isle, et de Lang-Son. Le général Millot les rappela pour se concentrer à Ha-Noï. Il s'empara de Hong-hoa, le 13 avril. C'était la dernière place du Delta qui ne fût pas entre nos mains.

L'effet de cette victoire se fit bientôt sentir. Tandis que M. Patenôtre recevait l'ordre d'aller à Hué, pour y reviser le traité du 25 août 1883, la Chine reprenait ses négociations à Paris. Le marquis Tseng s'était retiré en Angleterre, à Folkestone. Il avait cédé la place à Li-Fong-Pao, ambassadeur à Berlin. Cet incident diplomatique était comme le préliminaire du traité signé à Tien-Tsin le 11 mai, entre Li-Hong-Chang et le capitaine de frégate Fournier. Ces événements firent l'objet de l'importante déclaration lue par M. Jules Ferry à la Chambre, dans la séance du 20 mai, et qu'on nous saura gré de reproduire :

Messieurs,

Vous connaissez déjà les clauses principales de la convention signée à Tien-Tsin, le 11 mai 1884, qui a mis fin au différend existant entre la France et la Chine, au sujet de l'Annam et du Tonkin.

En attendant que l'instrument même du traité soit entre nos mains et qu'il puisse être régulièrement soumis à la sanction du Parlement, nous vous devons compte des circonstances qui ont amené ce rapide dénouement et des motifs qui nous ont portés à engager dans cette négociation décisive la responsabilité du gouvernement.

Vous veniez à peine de vous séparer que la prise de Hong-hoa, couronnant les brillants efforts du corps expéditionnaire, marquait le terme de cette belle campagne dont les noms de Son-Tay et de Bac-Ninh conserveront le glorieux souvenir. Les opérations militaires étaient terminées ; nous étions les maîtres du Tonkin ; contre des ennemis bien supérieurs en nombre et pourvus de tous les moyens de défense de la guerre moderne, les troupes de la marine et de l'armée, rivalisant de vertus militaires, d'entrain et de patience, de tactique et de valeur, avaient porté plus haut que jamais, dans l'Extrême Orient, le prestige de nos armes.

Au point de vue diplomatique, la situation restait obscure. Les relations avec la cour de Pékin étaient, en Chine, rares et tendues ; à Paris, sans être officiellement suspendues, elles étaient nulles depuis le départ du ministre de Chine pour l'Angleterre. A Pékin même, le terrain politique semblait disputé entre l'esprit de sagesse et l'esprit d'aventure.

L'esprit de sagesse devait l'emporter.

Le 29 avril, le contre-amiral Lespès, qui arrivait à Shanghaï avec son escadre, après avoir visité les ports d'Amoy et de Fou-tchéou, recevait l'avis que le vice-roi du Tchi-Li venait d'obtenir du gouvernement chinois le rappel du marquis Tseng, comme première satisfaction donnée à la France. L'amiral était chargé de transmettre cette nouvelle au gouvernement français. Le vice-roi exprimait en même temps le désir de voir à Tien-Tsin le capitaine de frégate Fournier, commandant du *Volta,* avec lequel il était depuis plusieurs années en relations amicales pour conférer avec lui de la situation.

Le commandant du *Volta* partait aussitôt pour Tche-fou. Le 1er mai, le Tsong-li-Yamen annonçait officiellement à notre chargé d'affaires à Pékin la nomination d'un nouveau ministre auprès des cabinets de Paris, Berlin, Vienne, Rome et La Haye. En attendant son arrivée, Li-Fong-Pao, ministre de Chine à Berlin, venait représenter la Chine à titre intérimaire auprès du gouvernement français.

Les 8 et 9 mai, le commandant Fournier, de Tien-Tsin, et l'amiral Lespès, de Shang-haï, nous faisaient connaître le résultat des pourparlers officieusement ouverts par le vice-roi du Tchi-li ; les deux négociateurs avaient arrêté les termes d'une convention préliminaire en cinq articles, destinés à servir de base au traité définitif ; le vice-roi désirait que cette convention pût recevoir, sans aucun retard, l'approbation des deux gouvernements ; le commandant Fournier demandait, à cet effet, de pleins pouvoirs.

La question se posait devant nous dans les termes les plus clairs et les plus catégoriques ; de la part de la Chine, l'évacuation immédiate du Tonkin dans toute l'étendue de ses frontières naturelles, la promesse de respecter, dans le présent et dans l'avenir, les traités directement faits et à faire entre la France et la cour d'Annam, l'engagement solennel d'ouvrir au libre trafic entre la France et l'Annam d'un côté et la Chine de l'autre toute la frontière méridionale de la Chine limitrophe du Tonkin, c'est-à-dire les trois provinces du Yunnan, du Quang-Si et du Quang-Tong, et de régler sur cette frontière la liberté des échanges et les tarifs de douanes dans les conditions les plus profitables au commerce français.

Ces avantages considérables seraient-ils trop chèrement achetés de la part de la France par la renonciation à une indemnité pécuniaire, dont le principe n'était, d'ailleurs, ni contestable, ni contesté ?

Une satisfaction en argent aurait-elle, aux yeux du pays, plus de prix qu'un traité de bon voisinage, une alliance commerciale et politique, ne laissant derrière elle ni humiliation ni amertume, en livrant à nos productions, à l'étroit dans l'ancien monde, des débouchés inattendus ?

Nous ne l'avons pas pensé, et sur l'heure nous envoyons au commandant Fournier les pleins pouvoirs du gouvernement de la République, sous la seule condition de s'assurer, avant d'en faire usage, de la ratification préalable du gouvernement chinois.

Le 9 mai, le commandant Fournier télégraphie de Tien-Tsin, à 5 h. 45 m. du soir :

« Je remercie le gouvernement de la confiance qu'il me témoigne. Le vice-roi me charge de vous transmettre ses remerciements pour l'empressement que Votre Excellence a mis à approuver la convention dans les termes mêmes où elle avait été arrêtée entre nous. Nous avons immédiatement demandé en termes pressants, par courrier extraordinaire, à la cour de Pékin, son approbation définitive, en la priant de nous autoriser à signer dans le plus bref délai possible. »

Le 10 mai, à 11 heures 25 du matin, M. Fournier écrit :

« Tout sera terminé demain soir à quatre heures... »

Et, en effet, le 11 mai, à cinq heures du soir, les deux plénipotentiaires signaient la convention, après s'être réciproquement communiqué leurs pleins pouvoirs.

Voici cet acte, avec son préambule, et dans toute sa teneur, tel que le télégraphe nous l'a transmis :

Le gouvernement de la République française et sa Majesté

l'empereur de Chine, voulant, au moyen d'une convention préliminaire dont les dispositions serviront de bases à un traité définitif, mettre un terme à la crise qui affecte gravement aujourd'hui la tranquillité publique et le mouvement général des affaires, rétablir sans retard et assurer à jamais les relations de bon voisinage et d'amitié qui doivent exister entre les deux nations, ont nommé, pour leurs plénipotentiaires respectifs, savoir :

Sa Majesté l'empereur de Chine,

Son Excellence Li-Hung-Tchang, grand tuteur présomptif de Sa Majesté le Fils de l'Empereur, premier secrétaire d'Etat, vice-roi du Tché-Li, noble héréditaire de 1re classe du 3e rang, etc.;

Le gouvernement de la République française,

M. Ernest-François Fournier, capitaine de frégate, commandant l'éclaireur d'escadre le *Volta*, officier de la Légion d'honneur, etc.;

Lesquels, après avoir échangé leurs pleins pouvoirs, trouvés en bonne et due forme, sont convenus des articles suivants :

Article 1er. La France s'engage à respecter et à protéger contre toute agression d'une nation quelconque, et en toutes circonstances, les frontières méridionales de la Chine limitrophes du Tonkin.

Art. 2. Le Céleste-Empire, rassuré par les garanties formelles de bon voisinage qui lui sont données par la France, quant à l'intégrité et à la sécurité des frontières méridionales de la Chine, s'engage : 1° à retirer immédiatement sur ses frontières les garnisons chinoises du Tonkin ; 2° à respecter, dans le présent et dans l'avenir, les traités directement intervenus ou à intervenir entre la France et la cour de Hué.

Art. 3. En reconnaissance de l'attitude conciliante du gouvernement du Céleste-Empire, et pour rendre hommage à la sagesse patriotique de S. Exc. Li-Hung-Tchang, négociateur de cette convention, la France renonce à demander une indemnité à la Chine. En retour, la Chine s'engage à admettre, sur toute l'étendue de ses frontières méridionales limitrophes du Tonkin, le libre trafic des marchandises entre l'Annam et la France, d'une part, et la Chine, de l'autre, réglé par un traité de commerce et de tarifs à intervenir, dans l'esprit le plus conciliant de la part des négociateurs chinois et dans des conditions aussi avantageuses que possible pour le commerce français.

Art. 4. Le gouvernement français s'engage à n'employer aucune expression de nature à porter atteinte au prestige du Céleste-Empire, dans la rédaction du traité définitif qu'il va contracter avec l'Annam et qui abrogera les traités antérieurs relatifs au Tonkin.

Art. 5. Dès que la présente convention aura été signée, les deux gouvernements nommeront leurs plénipotentiaires, qui se réuniront, dans un délai de trois mois, pour élaborer un traité définitif sur les bases fixées par les articles précédents.

Conformément aux usages diplomatiques, le texte français fera foi.

Fait à Tien-Tsin, le 11 mai 1884, le dix-septième jour de la quatrième lune de la dixième année de Kouang-Siu, en quatre expéditions (deux en langue française et deux en langue chinoise), sur lesquelles les plénipotentiaires respectifs ont signé et apposé le sceau de leurs armes.

Chacun des plénipotentiaires a gardé un exemplaire de chaque texte.

<table>
<tr><td>Le plénipotentiaire
pour le Céleste-Empire,</td><td>Le plénipotentiaire
pour le gouvernement de la
République française,</td></tr>
<tr><td>Signé : LI-HUNG-TCHANG.
(L. S.)</td><td>Signé : FOURNIER.
(L. S.)</td></tr>
</table>

Tel est le traité de Tien-Tsin. C'est une convention préparatoire à compléter par des négociations ultérieures, mais ferme dans toutes ses clauses exécutoires, et nous pouvons le dire dès à présent, en voie d'exécution.

Nous avons trouvé, en effet, chez l'homme d'Etat éminent qui exerce actuellement sur les destinées de la Chine une influence prépondérante et qui a porté dans cette négociation une netteté de vues et de résolutions si remarquables, la volonté bien arrêtée d'exécuter promptement et loyalement ce qui avait été si vite et si bien conclu.

Une dépêche du commandant Fournier, datée du 18 mai, nous fait connaître que le retrait des garnisons chinoises du Tonkin s'opérera, en vertu d'un accord passé par le vice-roi, du 6 au 26 juin prochain, dans les termes suivants, dont le commandant en chef du corps expéditionnaire a reçu communication :

« Après le délai de vingt jours, c'est-à-dire le 6 juin, évacuation de Lang-Son, Cao-Bang, That-Ke, et de toutes les places du territoire du Tonkin adossées aux frontières du Kouang-Toung et du Kouang-Si ; après le délai de quarante jours, c'est-à-dire le 26 juin, évacuation de Lao-Kaï et de toutes les places du territoire du Tonkin adossées à la frontière du Yu-Nan. »

De notre côté, nous avons déjà désigné, conformément à l'article final de la convention, nos plénipotentiaires définitifs, et nous avons envoyé à M. Patenôtre, qui doit se trouver à Hué à la fin de ce mois, les instructions nécessaires pour donner satisfaction aux préoccupations particulières qui ont inspiré l'article 4. La rédaction définitive du traité de Hué ne contiendra, cela va de soi, « aucune expression » dont puissent s'émouvoir les susceptibilités de l'Empire du Milieu.

Nous soumettons avec confiance toute cette négociation au jugement des Chambres et du pays. La France s'est toujours fait honneur de ne pas poursuivre ses victoires à l'extrême. Notre modération, hautement appréciée par l'opinion européenne, nous assure la meilleure solution pour le présent, et la plus grande somme de sécurité pour l'avenir.

Le traité de Tien-Tsin était une véritable victoire diplomatique succédant à de brillantes actions militaires. Le Tonkin paraissait soumis, la Chine était réconciliée. La France se félicitait avec raison de l'issue de la campagne. En outre, elle complétait sa politique coloniale par le traité que signait le 6 juin, à Hué, M. Patenôtre, et par une nouvelle convention qui nous rattachait plus étroitement le Cambodge (17 juin). Sa joie ne fut pas de longue durée.

Un mois s'était à peine écoulé qu'elle apprit brusquement l'affaire de Bac-Lé, et la violation du traité de Tien-Tsin.

Une colonne de 700 hommes dont 300 tirailleurs tonkinois marchait pour occuper Lang-Son dont le traité avait stipulé l'évacuation, lorsqu'elle fut attaquée, le 22 juin, dans le défilé de Bac-Lé par 4,000 réguliers chinois. Le colonel Dugenne parvint à rallier ses hommes, au prix de pertes sensibles, et le détachement se tira de ce mauvais pas, grâce aux secours de deux bataillons dépêchés par le général Négrier.

On crut d'abord à une erreur des mandarins chinois. Mais on fut détrompé. Loin de désavouer ses troupes, la Chine les couvrit de son autorité en refusant de reconnaître le traité du 11 mai, et en alléguant que les clauses de Tien-Tsin ne prescrivaient l'évacuation des places du Tonkin qu'après la conclusion d'un traité définitif.

Ces subtilités n'étaient pas pour apaiser la France, dont l'émotion avait été des plus vives. « Ces choses-là se paient, » avait dit M. Jules Ferry. Le gouvernement envoya M. Patenôtre à Sang-Haï demander à la Chine une indemnité de 250 millions, et donna l'ordre à l'amiral Courbet de rallier toutes les forces navales de l'Extrême Orient pour appuyer nos réclamations.

La Chine se refusa d'abord à admettre le principe même

d'une indemnité. Puis, devant l'insistance de la France, elle offrit la somme dérisoire de trois millions. (Encore les mandarins qui avaient fait cette concession furent-ils désavoués à Pékin). L'intention de la France était d'abaisser sa demande à 80 millions. Mais pour montrer qu'elle était bien décidée à la maintenir, une division navale, commandée par le contre-amiral Lespès, reçut l'ordre de bombarder le port de Kelung dans l'île Formose. L'opération eut lieu le 5 août, sans grand résultat. L'amiral n'avait pas de troupes de débarquement. La destruction des forts ne fit qu'exaspérer les Chinois sans nous donner un gage efficace. En outre, la complaisance mise par la France à reculer successivement jusqu'au 21 août l'échéance de son ultimatum encouragea la Chine dans sa résistance.

Le 18 août, les deux plénipotentiaires chinois chargés de négocier avec M. Patenôtre, mirent fin aux pourparlers et quittèrent Sang-Haï. M. Patenôtre signifia à la Chine un dernier ultimatum, réclamant 80 millions, payables en dix ans, et donnant quarante-huit heures de délai. Le délai expira le 21 août. La légation de France à Pékin amena son pavillon ; le ministre de Chine à Paris demanda ses passeports. Les relations furent rompues.

L'action militaire suivit de près cette rupture diplomatique. Elle était énergiquement conseillée par l'amiral Courbet qui aurait voulu une démonstration sur Port-Arthur et Pékin, mais que l'on réduisit à des opérations à la fois plus modestes et plus prudentes. L'amiral Courbet était entré depuis quelques jours dans la rivière Min avec, une escadre composée de 9 bâtiments et torpilleurs, et s'était embossé devant l'arsenal de Fou-Tchéou, à une vingtaine de kilomètres de l'embouchure. Sa manœuvre était des plus audacieuses. Si elle prenait à revers les forts chinois destinés à défendre l'entrée de la rivière Min, elle exposait les navires au feu des deux rives que les Chinois avaient eu le temps d'armer de batteries Krupp et

Armstrong, pendant les négociations dilatoires de Sang-Haï. Elle réussit pourtant, grâce à la précision de l'amiral et au courage des marins.

Dans les journées des 23 et des 24, l'arsenal fut bombardé, 9 navires chinois et 12 jonques furent coulés ; puis, descendant la rivière, l'amiral détruisit les ouvrages de l'île Losing et de Couding, le 25 ; ceux de la passe Ming-Hoa, le 26 ; ceux de la passe Kimpaï, les 27 et 28. Le 29, l'escadre mouillait à Matsou, maîtresse de la station télégraphique du Pic-Aigu. Elle n'avait perdu que 58 hommes, dont 10 tués. Les pertes chinoises en hommes et en matériel étaient considérables. Telle fut cette opération qui inaugurait ce que M. Jules Ferry appelait les « destructions intelligentes. »

Cette fois, était-on en guerre avec la Chine ? Pas davantage. La guerre n'avait pas été déclarée parce qu'il y aurait fallu l'assentiment du Parlement. On pratiquait simplement envers la Chine ce que les juristes appelaient le *droit de représailles,* système bizarre, qu'on croyait justifié par le droit des gens, et qui, à côté de ses inconvénients, offrait quelques avantages. S'il laissait toute carrière à la contrebande de guerre et à l'armement de la Chine, en revanche, il n'interrompait pas le commerce des puissances neutres avec la Chine, en dépit des plaintes habituelles exprimées par l'Angleterre.

Toutefois, comme les *destructions,* même intelligentes, n'affaiblissaient pas beaucoup les Chinois, M. Jules Ferry crut nécessaire d'y ajouter la politique des *gages.* Malgré ses répugnances, l'amiral Courbet fut envoyé à Formose où il occupa Kelung (1er octobre). Quelques jours plus tard, le contre-amiral Lespès à la tête d'une division de l'escadre échoua contre Tamsui, autre port de l'île, faute de troupes suffisantes pour débarquer. L'amiral décida alors de renoncer aux opérations de terre, tout en se maintenant à Kelung. Il fit le blocus de Formose à partir du 23 octobre.

Les hostilités continuaient au Tonkin où Négrier, dans la

vallée du Loc-Nan, fut vainqueur les 6 et 8 octobre, à Lang-Kep. Le colonel Donnier, lancé à la poursuite de l'ennemi, leur enleva les hauteurs de Chu, le 10, après un brillant combat.

Mais à quel résultat conduisaient ces succès ? On ne pouvait se dissimuler que l'on avait marché de mécompte en mécompte. Depuis la mort du commandant Rivière, aucune des prévisions du gouvernement ne s'était accomplie. La Chine était restée presque indifférente à l'envoi des troupes au Tonkin ; le traité de Tien-Tsin n'avait été qu'une manœuvre dilatoire ; le bombardement de Fou-Tchéou n'avait point donné ce qu'on en attendait ; loin de céder, la Chine menaçait d'envahir le Tonkin. Il n'était plus question de borner notre action à l'occupation du Delta. Déjà l'on était à Formose, et on parlait d'aller ailleurs. Mais où ? Comment ? Pouvait-on croire qu'on s'arrêterait à Lang-Son et à Lao-Kaï ? Mais si les Chinois nous attaquaient, resterions-nous sur la défensive ? Ne serions-nous pas forcés de faire davantage ? Et si l'on voulait agir, quels renforts envoyer au Tonkin ou à Formose ? Tout au plus 5,000 hommes. Car de mobiliser un corps d'armée, il n'y fallait point songer, pour des raisons politiques et militaires. Mais alors, devions-nous reculer, traiter à tout prix ? Quelle honte après tant de belles déclarations !

Ainsi pensaient bien des gens, et la situation ne laissait pas d'être pénible. Cependant, si des fautes avaient été commises dans la conduite d'une entreprise abandonnée trop souvent au hasard des événements, il ne fallait pas se livrer à des attaques systématiques. Pour des difficultés particulières d'exécution, il était injuste de condamner toute expansion coloniale.

On avait, en quelque sorte, été gâté par notre succès rapide en Tunisie. Du jour au lendemain, et presque sans coup férir, malgré les critiques qui avaient assailli le début de l'expédition tunisienne, la France s'était trouvée maîtresse d'une vaste et belle colonie qui complète l'Algérie, qui nous donne jour sur un bassin de la Méditerranée où nous n'avions pas accès, et qui accroît notre influence sur la plus grande partie de l'Afrique septentrionale. Mais en avait-il été aussi aisément de l'Algérie ? Par combien de tâtonnements et de luttes pénibles, par quelle série de revers et de succès, de déceptions et d'espérances, avait-on passé pour la conquérir à la France ? On peut s'en convaincre en lisant les récentes études de M. Camille Rousset sur les commencements de l'Algérie (1). C'est l'histoire ordinaire des entreprises coloniales. Il faut beaucoup de persévérance chez ceux qui les mènent. Il en faut pour ceux qui y assistent, même de loin, et qui ne sont touchés que des difficultés du présent, sans se reporter aux leçons du passé et sans mesurer les promesses de l'avenir. Le public n'est guère capable de cette patience, et le public français, moins que tout autre.

L'Angleterre, dont le commerce redoutait d'être atteint par la prolongation des hostilités, avait offert sa médiation officieuse. Mais la Chine refusait d'en revenir au traité de Tien-Tsin : elle ne voulait traiter que sur les bases de l'*uti possidetis*. L'Angleterre mit fin à ses bons offices (11 décembre).

L'hiver qui s'écoulait était marqué par les travaux de l'amiral Courbet à Formose, par les souffrances de nos troupes et les fatigues de nos marins. A terre, privées de campement, exposées à d'incessantes surprises, nos troupes étaient, par surcroît, décimées par la maladie. Dans la rade de Kelung, et sur toute la côte septentrionale de l'île, nos bâtiments étaient constamment en perdition. Les moussons, qui sont terribles dans cette saison de l'année, souf-

---

(1) *Cam. Rousset : Les commencements d'une conquête* (Revue des Deux Mondes : 1er janvier 1885 ; 1er février ; 1er mars, 1er avril ; 15 mai).

flaient avec rage, épuisant les équipages, secouant et usant
les navires. Une seule éclaircie se fit dans cette tourmente ;
c'est quand de brusques événements en Corée firent espérer que le Japon allait déclarer la guerre à la Chine. Mais
les rapports entre le Japon et la Chine restèrent ce qu'ils
étaient, tendus et difficiles, sans aller jusqu'à l'hostilité.

Durant ces tristes et longues heures qu'on ne connaît pas
assez, l'amiral Courbet soutenait le courage de tous. Quand
l'hiver toucha à sa fin, il lança sur les positions chinoises
le colonel Duchesne qui s'en empara après deux jours de
lutte glorieuse. Mais sur mer, l'ennemi s'était enhardi. Une
escadre de cinq bâtiments avait pris le large pour débloquer
Formose. Courbet, avec quelques navires, leva le blocus
du sud de l'île et se rendit à Matsou. Apprenant que les
Chinois n'avaient point paru dans la rivière Min, il se remit
en route, fouillant les baies, évoluant dans les passes dange-
reuses de l'archipel Chusan avec une hardiesse extraordinaire, et surveillant l'entrée du Yang-tse. Sur de nouvelles
indications, il reprit la direction du sud. Il comptait re-
joindre l'escadre chinoise le 14 février. Au jour dit, il l'atteignit. Mais nos bâtiments étaient fatigués par leur croisière.
Les Chinois les gagnèrent de vitesse, et, à la faveur de la
brume, ils échappèrent. Toutefois, les deux navires les
plus lourds de leur escadre, une frégate et une corvette, s'é-
taient réfugiés dans la baie de Sheipoo. L'amiral les y bloqua,
et les fit détruire, dans la nuit du 15 février, par deux canots-
torpilleurs du *Bayard*.

C'était un brillant coup de main. L'amiral obtint enfin,
comme il l'avait demandé, d'occuper le petit archipel des
Pescadores (29-31 mars). Mais sa santé était gravement
altérée. Ce fut son dernier exploit.

Au Tonkin, la grande affaire était la conquête de Lang-
Son. Car on ne pouvait se maintenir dans le Delta en laissant ouverte la route par où descendaient incessamment
les troupes des deux Kouangs.

Mais le ministère sur cette question ne paraissait pas unanime. C'est ainsi que le général Campenon, auquel on prêtait des vues différentes de celles de M. Ferry sur l'expédition en général, et sur l'attaque de Lang-Son, en particulier, se sépara de ses collègues. Il fut remplacé, dans les premiers jours de janvier 1885, par le général Lewal, commandant du 17e corps d'armée, ancien directeur de l'Ecole de guerre, dont les actes ne répondirent pas entièrement à la renommée que le général Lewal avait fait concevoir de ses écrits et de son talent.

La campagne à laquelle refusait de s'associer le général Campenon, ne fut pas davantage conduite par le général Millot. Le général Millot avait demandé son rappel pour raison de santé. Il fut relevé de son commandement par un décret du 31 décembre 1884, et céda la place au général Brière de l'Isle. Le nouveau général en chef eut sous ses ordres les deux brigades Giovaninelli et Négrier (1re et 2e).

Le général Négrier était arrivé précédé de la réputation qu'il s'était faite dans le sud Oranais. Il y mit le comble au Tonkin par la décision et la rapidité de ses manœuvres qri lui gagnèrent le dévouement absolu des troupes et les faveurs de l'opinion. Avec le nom de Courbet, celui de Négrier est de ceux qui resteront attachés à l'histoire de cette campagne laborieuse. Le souvenir du peuple y joindra le nom du sergent Bobillot.

Dès les premiers de janvier 1885, Négrier s'était lancé sur la route de Lang-Son. Le 3, il culbuta les Chinois près de Chu, sur le haut Loc-Nan, où le colonel Donnier les avait déjà battus le 10 octobre précédent. Ils reprirent l'offensive le lendemain. Ils furent repoussés et poursuivis. Le combat se termina par la prise du camp retranché de Mui-Bop, composé de huit forts.

Le général Brière arriva à Chu le 30 janvier, et la marche continua. Elle fut marquée par l'occupation du col de Déo-Quan, le 3 février ; le 4 et le 5, par la bataille de Dong-Song, à l'est de Chu. Les troupes se reposèrent quelques jours, et poussèrent en avant. Le 11, elles atteignirent la ligne de partage des eaux pour descendre dans la vallée d'un affluent de la rivière de Canton. Le 13, après un violent combat qui dura tout le jour, elles entrèrent dans Lang-Son. Cette place est sur le Song-Ki-Kong qui longe la frontière de Chine jusqu'à That-Ké, dans la direction du N.-O. puis fait un brusque détour pour entrer en Chine et se jeter dans la rivière de Canton. On y trouva des munitions et un matériel considérable. Le pays éprouva une vive satisfaction de cette issue de la campagne, et un télégramme de félicitations fut expédié aux troupes le 19 février.

Négrier établit à Lang-Son son quartier général et prit ses dispositions pour achever la défaite des Chinois. Ceux-ci s'étaient rabattus sur la route de That-Ké. Ils avaient élevé à Dong-Dang, à quinze kilomètres de Lang-Son, une série de redoutes qui couvraient la route de Chine. Négrier les y attaqua le 24 février et s'empara de leur camp. Il entra dans That-Ké le 8 mars, et poussa jusqu'à la porte de Chine. Mais il revint bientôt pour se concentrer dans Lang-Son où il fit de grands travaux de défense. Pendant ce temps le général en chef revenait à Ha-Noï. Il avait quitté la route de Lang-Son pour se porter précipitamment au secours de Tuyen-Quan.

Tuyen-Quan est sur la rivière Claire, affluent du fleuve Rouge. Plus que Hong-Hoa, il en surveille la vallée supérieure. La place avait déjà été assiégée dans le courant de novembre. Ellle fut délivrée le 17 et le 20 par le colonel Duchesne, qui y laissa des troupes fraîches sous le commandant Dominé. Presque aussitôt elle fut cernée encore une fois, et elle soutint jusqu'au 3 mars un siège opiniâtre qui reste le principal épisode de toute la campagne. Du 24 novembre au 3 mars, entre quatre mauvais murs sans bastions et presque sans fossé, 608 hommes seulement, soit 398 de la légion étrangère, 32 de l'infanterie de marine,

8 du génie, 3 infirmiers, 3 ouvriers et 164 tirailleurs tonkinois, pourvus de 27 pioches, 10 pelles, 4 haches, avec deux
canons de 80^{mm} et deux canons Hotckiss, résistèrent intré-
pidement à 10,000 Chinois, dans les rangs desquels se
trouvaient certainement des Européens. L'exemple du jeune
commandant fortifiait chacun dans le sentiment de son
devoir et de sa responsabilité. L'artillerie était commandée
par un lieutenant (Derappe) et le génie qui eut à élever des
épaulements, à réparer des brèches, à éventer des mines, etc.,
le génie était dirigé par un jeune sergent, instruit, lettré,
parisien, qui avait rêvé la gloire littéraire, que le hasard
avait jeté au milieu des armes, et qui trouva, dans ces murs
noirs et croulants, la mort héroïque et modeste qui dore
le nom de Bobillot d'un rayon de gloire immortelle.

Le journal du siège a été écrit par le commandant Dominé. Il a été publié par l'*Officiel*. C'est là qu'il faut voir le
détail de ces longues heures d'isolement et de lutte. Le 28
février au soir, on aperçut les fusées de la brigade Giovaninelli. Le 3, elle entra dans la place avec le général en chef.
Il était temps. La garnison avait eu 33 tués et 76 blessés,
plus d'un sixième de son effectif. Les souvenirs de Maza-
gran étaient surpassés (1). Le général Brière laissa à Tuyen-
Quan la brigade Giovaninelli, et rentra à Ha-Noï.

La délivrance de Tuyen-Quan causa en France un soulagement qui n'alla pas sans quelque inquiétude. Etait-il possible qu'une place fût restée aussi longtemps assiégée? Les
ennemis étaient donc plus nombreux ou plus audacieux

---

(1) Sur les opérations de la 1re brigade (Giovaninelli) contre
l'armée du Yu-Nan, opérations qui ont amené la levée du siège
de Tuyen-Quan, voir l'*Officiel* des 23 et 24 mars 1885. Voir encore : *Tuyen-Quan pendant le siège*, par Th. Boisset Paris,
1 vol., 1885, chez Fisbacher. L'auteur est un aumônier protes-
tant qui se trouva enfermé dans la place. — Le sergent Bobillot
était né à Paris, en 1860. Il mourut à Ha-Noï, des suites de ses
blessures, le 19 mars.

qu'on le disait ? Etait-on mal renseigné ? Ou bien dissimulait-on la vérité? Les dispositions du public prirent un tour fâcheux, et les mauvaises nouvelles trouvèrent un milieu favorable pour l'exagération et l'affolement. Par malheur, elles ne tardèrent pas.

Les reconnaissances dirigées par Négrier rencontraient partout des Chinois. Leur nombre grossissait autour de Lang-Son. Le 22 mars, dans la nuit, ils attaquèrent la porte de Dong-Dang. Le 23, Négrier se porta en avant « pour se donner de l'air » comme il disait, et il put s'emparer de la première ligne des forts qui défendaient le camp retranché de Bang-Bô. Mais le 24, il dut reculer devant le nombre, et rentrer à Dong-Dang, puis à Lang-Son. Les Chinois débouchaient par masses profondes. A Kilua, nous prenions déjà contact avec leur avant-garde. Ils menaçaient d'envelopper l'armée. Celle-ci, qui venait de se battre pendant trois jours, était réduite par le feu, les maladies et la fatigue. Les défaillances s'y glissaient. La veille, le bataillon du 111e de ligne avait laissé ses sacs sur le champ de bataille. Il aurait fallu la présence du général, qui payait de sa personne, et dont la sévérité était respectée, pour raffermir l'énergie chancelante des troupes. Malheureusement, le général fut blessé, et le lieutenant-colonel Herbinger fut appelé, par son grade, à le remplacer.

Le lieutenant-colonel Herbinger passait pour un excellent officier. Il avait professé avec distinction à l'Ecole supérieure de guerre. Mais il ne faisait que d'arriver au Tonkin, et le hasard le jetait brusquement au milieu de conjonctures difficiles auxquelles il ne sut faire face. Etait-il plutôt un théoricien qu'un homme d'action ? Fut-il entraîné dans la panique des troupes ? Se trompa-t-il en prêtant aux Chinois le dessein de manœuvrer comme il l'aurait fait lui-même, et d'opérer dans la nuit un mouvement qui aurait enfermé la brigade dans le bas-fond où se trouve Lang-Son ? On ne sait encore. Mais tout semble prouver que la retraite fut trop précipitée ; qu'au lieu de se maintenir dans les défilés de Than-Moï et de Dong-Song, comme le prescrivait Négrier, on rétrograda d'un seul coup jusqu'à Chu, en abandonnant à l'ennemi un matériel important, toute une batterie qui fut noyée dans le Song-Ki-Kong, avec la caisse de l'armée, et en évacuant des positions bien défendues où quelques bataillons auraient suffi à contenir l'armée chinoise (1).

C'est sous le coup de ces événements que le général Brière de l'Isle envoya une dépêche dont les expressions étaient trop peu mesurées.

« Ha-Noï, 28 mars, soir.

« Je vous annonce avec douleur que le général de Négrier, grièvement blessé, a été contraint d'évacuer Lang-Son. Les Chinois, débouchant par grandes masses et sur trois colonnes, ont attaqué nos positions en avant de Ki-lua.

« Le colonel Herbinger, devant cette grande supériorité numérique et ayant épuisé ses munitions, m'informe qu'il est obligé de rétrograder sur Dong-Song et Than-Moï. Je concentre tous mes moyens d'action sur les débouchés de Chu et de Kep. L'ennemi grossit toujours sur le Song-Koï. Quoiqu'il en soit, j'espère pouvoir défendre tout le Delta. Je demande au gouvernement de m'envoyer le plus tôt possible de nouveaux renforts. Brière de l'Isle. »

Le samedi 28 mars, de violents débats s'étaient engagés dans la Chambre sur une interpellation de M. Granet. La Chambre avait cependant voté l'ordre du jour pur et simple par 259 voix contre 209. La dépêche Brière de l'Isle, répandue le dimanche, remit tout en question. Dans la séance du lundi 30, le gouvernement ayant demandé la priorité pour

---

(1) Le colonel Herbinger vint à Paris pour se justifier ; on le renvoya au Tonkin. On attend encore des détails officiels sur cette affaire de Lang-Son.

un vote de crédits sur un ordre du jour présenté par M. Ri-
bot, la priorité fut repoussée par 308 voix contre 161. Un
pareil vote impliquait la défiance du Parlement. Le ministère Ferry donna aussitôt sa démission. Après deux ans de
stabilité gouvernementale, une crise ministérielle était ouverte.

Malgré l'affolement inexplicable qui avait emporté pendant deux jours le Parlement, la presse et le pays, la retraite de Lang-Son s'opérait en bon ordre, sans nous coûter
que des pertes minimes ; 4 tués et 40 blessés ; tandis que
de leur côté les Chinois reculaient sur la frontière impé-
riale et n'occupaient Lang-Son que trois jours après notre
départ. Le général Négrier était arrivé le 2 avril, à Ha-Noï.
Son état n'inspirait point d'inquiétudes. Le général Giovaninelli avait quitté Tuyen-Quan pour rentrer à Ha-Noï. Nous
étions rassemblés autour de la place, en mesure de défendre
le Delta. C'est alors que la paix survint brusquement.

Dans l'interrègne ministériel qui précéda l'avènement du
cabinet Brisson-Freycinet, des préliminaires de paix furent
signés le 4 avril sur les bases du traité de Tien-Tsin, entre
M. Campbell, délégué de sir Robert Hart, directeur des
douanes chinoises, traitant pour l'Empire, et M. Billot, directeur des affaires politiques au ministère des affaires
étrangères.

Quelle avait été la marche des négociations ? C'est ce que
M. de Freycinet exposa plus tard à la commission parlementaire chargé d'examiner le traité.

Il n'y avait pas eu de négociations proprement dites. Mais,
depuis l'affaire de Bac-Lé, divers pourparlers avaient eu
lieu. Dans les derniers mois de 1884, et au début de 1885,
des conversations plus suivies s'engagèrent entre M. J. Ferry,
d'une part, et sir Robert Hart et M. Campbell, de l'autre.
Quelques notes confidentielles et privées furent échangées ;
mais, jusqu'au 26 février dernier, ces relations n'avaient
pris aucun caractère officiel. C'est seulement alors qu'on

put se mettre d'accord sur le texte de quatre articles destinés à servir de base au futur traité.

Toutefois, commme on avait encore des doutes sur l'authenticité des pouvoirs attribués aux délégués du gouvernement chinois, on continua de négocier par voie de conversations, tandis que l'on vérifiait parallèlement les pouvoirs. C'est cinq semaines après, au moment de la retraite de Lang-Son, que, cette vérification faite, on put donner un caractère officiel au premier accord auquel on était parvenu.

Le gouvernement français accepta les préliminaires du 26 février. Mais M. J. Ferry, démissionnaire le 30 mars, ne crut pas pouvoir les signer. M. Billot fut autorisé à le faire, le 4 avril, par le président de la République.

Les nouveaux ministres, en arrivant au pouvoir, avaient pour mission d'en finir promptement avec le conflit francochinois. La prolongation des hostilités était exploitée trop complaisamment par les partis hostiles à la République. De son côté, le gouvernement chinois n'était pas moins pressé d'arriver à une solution. Le parti de la paix redoutait tout retard qui eût permis un revirement du parti de la guerre. M. Patenôtre et Li-Hung-Chang furent chargés de conférer.

Les premières négociations de la Chine avaient stipulé la levée du blocus de Formose, tandis qu'elle s'engageait à évacuer le Tonkin. Les deux opérations se poursuivirent, sans que le gouvernement suspendît l'envoi des renforts demandés par le général Brière. En effet, un nouveau corps expéditionnaire partit de Toulon, le 1er mai, sous les ordres du général de Courcy, commandant du 10e corps, nommé commandant en chef au Tonkin, avec pleins pouvoirs, tandis qu'une division de réserve, sous le général Coiffé, fut formée au camp du Pas-des-Lanciers, près de Marseille (1).

La paix fut signée le 9 juin à Tien-Tsin. Deux jours après

______

(1) Ce camp fut levé vers le 15 juillet, par suite de l'insalubrité dont y souffrirent les troupes.

mourait, à bord du *Bayard* l'amiral Courbet. La publication
de quelques-unes de ses lettres intimes révéla le mécon-
tentement de l'amiral au sujet de la politique qui lui avait
été imposée par le gouvernement et des hommes qui la
personnifiaient. Mais ces indiscrétions n'affaiblirent pas plus
la reconnaissance publique pour l'amiral que l'autorité même
de la République. Les récriminations des partis se perdirent
au milieu de l'immense soulagement qui accueillit la nouvelle de la paix.

Le traité fut déposé le 22 juin, sur le bureau de la Chambre
par M. de Freycinet. Il était précédé d'un exposé de la
situation faite par la récente convention aux deux parties
contractantes, et d'une analyse sommaire des articles du
traité.

« Messieurs, dit M. de Freycinet, le protocole signé à
Paris le 4 avril dernier consacrait, comme vous vous le
rappelez, une suspension d'armes entre la France et la
Chine. La Chine s'engageait à rappeler ses troupes du
Tonkin, et la France, tout en maintenant les mesures destinées à empêcher la contrebande de guerre, promettait de
lever le blocus de Formose. Les deux gouvernements
devaient, en outre, ouvrir immédiatement des conférences
pour préparer un traité de paix sur les bases de la convention préliminaire, signée le 11 mai de l'année dernière à
Tien-Tsin.

Les dispositions du protocole du 4 avril ont été exécutées
de part et d'autre avec un sincère désir d'arriver à une
solution satisfaisante du conflit. Si le Tonkin n'a pas encore
été complètement évacué à l'heure actuelle, bien que les
délais fixés soient expirés, il faut reconnaître que les parties
encore occupées par les Chinois et les Pavillons-Noirs sont
des régions montagneuses, d'un accès difficile, où les mouvements de troupes sont particulièrement malaisés en cette
saison. Il appartient aux autorités militaires françaises de se
concerter sur place avec les commandants des forces

chinoises pour terminer cette évacuation qu'aucun mauvais vouloir, d'ailleurs, ne paraît devoir retarder.

Quant aux négociations pour la paix, elles ont abouti à la conclusion d'un traité qui a été signé à Tien-Tsin, le 9 de ce mois, par M. Patenôtre, au nom de la France, et, au nom de la Chine, par Li-Hong-Tchang, vice-roi du Tcheli, et deux membres du Tsong-Li-Yamen désignés pour y assister. C'est ce traité que nous avons l'honneur de vous présenter aujourd'hui, dans la ferme confiance que vous y trouverez, comme nous, les éléments d'une paix durable avec le vaste empire dont nous devenons les voisins.

Le but que la politique française poursuit depuis plusieurs années dans la péninsule indo-chinoise est d'assurer la pacification de l'Annam et particulièrement du Tonkin, afin d'ouvrir cette région à l'industrie et au commerce européens.

L'appui que les Annamites trouvaient au dehors a été la principale cause des difficultés auxquelles nous nous sommes heurtés. Ils recevaient, en effet, de leurs voisins non pas seulement des contingents militaires, mais des encouragements et une assistance morale qui les enhardissait à nous braver et à violer les engagements qu'à plusieurs reprises ils avaient souscrits envers nous. Il importait donc, avant tout, de faire cesser un état de choses incompatible avec l'exercice paisible, régulier, de notre protectorat, et cela, en obtenant de la Chine la promesse de ne plus intervenir dans les affaires de l'Annam. A cet égard, les articles 1 et 2 du présent traité nous donnent des assurances positives, et vous constaterez sans doute avec satisfaction qu'ils consacrent formellement de la part de l'Empire du Milieu la reconnaissance de nos droits sur l'Annam.

La Chine s'engage à ne plus faire franchir par ses troupes la frontière du Tonkin, et elle promet de respecter les traités et arrangements que nous avons conclus, ou que nous pourrons conclure avec l'Annnam. Ces arrangements, messieurs, vous les connaissez ; ils font, à l'heure actuelle, l'objet du traité de Hué, qui a été tout récemment soumis à votre approbation et qui institue, en termes formels et explicites, le protectorat de la France. Parmi les clauses du traité de Hué figure un article stipulant que l'Annam n'aura de relations diplomatiques que par l'intermédiaire de la France. Rapproché de cette disposition, l'article 2 du traité de Tien-Tsin nous donne toutes les garanties désirables.

Quant aux rapports de voisinage entre l'Annam et la Chine, motivés par le contact des populations ainsi que par les besoins du commerce et de l'échange, non seulement il ne pouvait entrer dans nos vues de les supprimer, mais il est de notre intérêt de les étendre. Aussi avons-nous souscrit avec plaisir à la requête de la Chine d'entretenir dans le Tonkin, à l'instar de ce que nous faisons chez elle, un certain nombre de consuls sur des points déterminés d'un commun accord.

Désireuse de constater que toute communication avec l'Annam ne lui serait pas interdite, la Chine nous a demandé d'introduire cette mention dans l'article 3. Nous avons tenu toutefois à spécifier que ces rapports seraient, en tous cas, renfermés dans le cercle du présent traité, c'est-à-dire qu'ils ne pourraient jamais rouvrir la question des relations politiques que le traité de Hué, sanctionné par celui-ci, a définitivement fermée.

De son côté, la Chine a stipulé que ces rapports ne pourraient point porter atteinte à son antique prestige. C'est là une clause dérivée de l'article 4 de la convention de Tien-Tsin de 1884 et qui est inspirée du même esprit. Nous y avons consenti, mais à la condition que le mot de prestige, un peu vague et susceptible de fâcheuses extensions, serait remplacé par le terme plus précis de dignité.

Les articles 1 et 2 qui viennent d'être commentés contiennent la partie, à proprement parler, politique du nouveau traité. Nous passerons un peu plus rapidement sur les autres, dont la plupart s'expliquent d'eux-mêmes. Tel est le cas, notamment, des articles 3 et 4 qui stipulent, l'un une délimitation de la frontière entre la Chine et le Tonkin, l'autre certaines formalités à imposer aux personnes qui voudront franchir cette frontière.

Les articles 5 et 6 s'occupent des rapports commerciaux entre l'Annam et les provinces chinoises du Yunnan, du Kouang-Si et du Kouang-Tong.

Les détails de l'organisation sont réservés à une commission spéciale ; mais les principes sont posés. On s'est inspiré des règles établies par les traités existants entre la Chine et la seule puissance européenne qui ait eu jusqu'ici une frontière commune avec l'Empire du Milieu, c'est-à-dire la Russie. Deux points de la frontière seront, dès à présent, désignés pour servir d'entrepôt aux marchandises qui transiteront entre les deux pays et de résidence aux négociants européens qui entreprendront, dans les provinces chinoises voisines du Tonkin, des opérations de commerce.

Quant au tarif d'importation et d'exportation auquel la Chine soumettra ces marchandises, il sera inférieur à celui qui est actuellement en vigueur dans les ports ouverts, sauf toutefois pour le Tonkin et le Kouang-Tong. Cette différence s'explique clairement, si l'on songe que la diminution des tarifs est, en quelque sorte, la compensation des frais de transport par terre.

Le Kouang-Tong n'étant limitrophe du Tonkin que dans le voisinage immédiat de la mer, il était naturel de ne pas abaisser les tarifs pour les marchandises qui en sortiront ou y entreront.

L'article 7 prévoit la création de voies de communication au Tonkin et en Chine, pour rendre plus fréquentes et plus suivies les relations commerciales que les deux articles précédents ont pour objet de préparer. Le moment où la Chine construira des chemins de fer ne paraît pas éloigné ;

car la lutte engagée à Pékin entre les hommes attachés aux anciennes habitudes et ceux qui désirent faire bénéficier leur patrie des progrès réalisés en Europe semble près d'aboutir au triomphe des idées nouvelles. Il est convenu qu'alors le gouvernement impérial fera appel à nos industriels et à nos ingénieurs.

Ceux-ci trouveront dans l'immense empire un nouveau champ d'activité, en même temps qu'ils contribueront à un rapprochement plus intime entre les deux pays.

Les trois derniers articles du traité stipulent, comme vous le pourrez voir, des délais pour la revision éventuelle de certaines clauses, la suspension des opérations militaires de la flotte française, l'évacuation des points encore occupés par nous sur le territoire chinois, la remise en vigueur des anciennes conventions et la ratification du présent traité. Sur ce dernier point, il a été convenu que la sanction de l'empereur de Chine aurait lieu immédiatement ; elle est, depuis le 12 de ce mois, un fait accompli.

Il nous a, dès lors, paru désirable que la ratification du gouvernement de la République fût différée le moins longtemps possible. D'autre part, nous avons pensé qu'il appartenait à la Chambre actuelle de clore, avant de se séparer, la question dont elle avait si laborieusement poursuivi la solution, de concert avec le Sénat.

C'est pour cette double raison que nous n'avons pas attendu l'arrivée en France de l'instrument authentique du traité du 9 juin, et que nous présentons au Parlement un texte transmis par la voie télégraphique, mais dont l'exactitude a été soigneusement contrôlée.

Si, comme nous l'espérons, messieurs, le traité du 9 juin 1885 vous paraît devoir être accepté, nous vous prions de vouloir bien voter le projet de loi dont la teneur suit :

« Article unique. — Le président de la République est autorisé à ratifier et à faire exécuter le traité de paix, d'amitié et de commerce conclu entre la France et la Chine, à Tien-Tsin, le 9 juin 1885, et dont une copie est jointe à la présente loi. »

Le ministre donna ensuite lecture de l'instrument définitif, dont voici le texte officiel :

Le Président de la République française et Sa Majesté l'empereur de Chine, animés l'un et l'autre d'un égal désir de mettre un terme aux difficultés auxquelles a donné lieu leur intervention simultanée dans les affaires de l'Annam et voulant rétablir et améliorer les anciennes relations d'amitié et de commerce qui ont existé entre la France et la Chine, ont résolu de conclure un nouveau traité répondant aux intérêts communs des deux nations, en prenant pour base la convention signée à Tien-Tsin, le 11 juin 1884, et ratifiée par décret impérial du 6 avril 1885.

A cet effet, les deux Hautes parties contractantes ont nommé pour leurs plénipotentiaires, savoir :

Le Président de la République française, M. Jules Patenôtre, envoyé extraordinaire et ministre plénipotentiaire de France en Chine, officier de la Légion d'honneur, grand'-croix de l'ordre de l'Etoile polaire de Suède, etc.

. Et S. M. l'empereur de Chine, Li-Hong-Tchang, commissaire impérial, premier grand secrétaire d'Etat, grand précepteur honoraire de l'héritier présomptif, surintendant du commerce et des ports du Nord, gouverneur général de la province de Tcheli, appartenant au premier degré du troisième rang de la noblesse avec le titre de Sougi; assisté de Si-Tchem, commissaire impérial, membre du conseil des affaires étrangères, président du ministère de la justice, administrateur du trésor au ministère des finances, directeur des écoles pour l'éducation des officiers héréditaires de l'aile gauche de l'armée tartare à Pékin, commandant en chef du contingent chinois, bannière gauche à bordures, et de Teng-Tcheng-Sieou, commissaire impérial, membre du cérémonial de l'Etat.

Lesquels, après s'être communiqué leurs pleins pouvoirs qu'ils ont reconnus en bonne et due forme, sont convenus des articles suivants :

Article premier.

La France s'engage à rétablir et à maintenir l'ordre dans les provinces de l'Annam qui confinent à l'empire chinois. A cet effet, elle prendra les mesures nécessaires pour disperser ou expulser les bandes de pillards et de gens sans aveu qui compromettent la tranquilité publique et pour empêcher qu'elles se reforment. Toutefois, les troupes françaises ne pourront, dans aucun cas, franchir la frontière qui sépare le Tonkin de la Chine, frontière que la France promet de respecter et de garantir contre toute agression.

De son côté, la Chine s'engage à disperser ou à expulser les bandes qui se réfugieraient dans les provinces limitrophes du Tonkin et à disperser celles qui chercheraient à se former sur son territoire pour aller porter le trouble parmi les populations placées sous la protection de la France, et en considération des garanties qui lui sont données, quant à la sécurité de sa frontière, elle s'interdit pareillement d'envoyer ses troupes au Tonkin.

Les Hautes parties contractantes fixeront par une convention spéciale les conditions dans lesquelles s'effectuera l'extradition des malfaiteurs entre la Chine et l'Annam.

Les Chinois colons ou anciens soldats qui vivent paisiblement en Annam en se livrant à l'agriculture, à l'industrie ou au commerce et dont la conduite ne donnera lieu à aucun reproche, jouiront pour leurs personnes et pour leurs biens de la même sécurité que les protégés français.

Article 2.

La Chine est décidée à ne rien faire qui puisse compromettre l'œuvre de pacification entreprise par la France. Elle s'engage à respecter dans le présent et dans l'avenir les

traités, conventions et arrangements directements intervenus ou à intervenir entre la France et l'Annam.

En ce qui concerne les rapports entre la Chine et l'Annam, il est entendu qu'ils seront de nature à ne point por-
-ter atteinte à la dignité de l'empire chinois et à ne donner
lieu à aucune violation du présent traité.

Article 3.

Dans un délai de six mois, à partir de la signature du
présent traité, des commissaires désignés par les Hautes
parties contractantes se rendront sur les lieux pour recon-
-naitre la frontière entre la Chine et le Tonkin. Ils poseront
partout où besoin sera des bornes destinées à rendre appa-
-rente la ligne de démarcation. Dans le cas où ils ne pour-
-raient se mettre d'accord sur l'emplacement de ces bornes
ou sur les rectifications de détail qu'il pourrait y avoir lieu
d'apporter à la frontière actuelle du Tonkin, dans l'intérêt
commun des deux pays, ils en référeraient à leur gouvernement respectif.

Article 4.

Lorsque la frontière aura été reconnue, les Français ou les
protégés français et les habitants étrangers au Tonkin qui
voudront la franchir pour se rendre en Chine, ne pourront
le faire qu'après s'être munis préalablement de passeports
délivrés par les autorités chinoises de la frontière sur la
demande des autorités françaises.

Pour les sujets chinois, il suffira d'une autorisation délivrée par les autoritcs impériales de la frontière. Les sujets
chinois qui voudront se rendre de Chine au Tonkin par
voie de terre devront être munis de passeports réguliers
délivrés par les autorités françaises sur la demande des
autorités impériales.

Article 5.

Le commerce d'importation et d'exportation sera permis
aux négociants français ou protégés français et aux négociants chinois par la frontière de terre entre la Chine et le

Tonkin. Il devra se faire toutefois par certains points qui seront ultérieurement déterminés et dont le choix ainsi que le nombre seront en rapport avec la direction comme avec l'importance du trafic entre les deux pays. Il sera tenu compte à cet égard des règlements en vigueur dans l'intérieur de l'empire chinois.

En tout état de cause, deux de ces points seront désignés sur la frontière chinoise, l'un au-dessus de Laokai, l'autre au-delà de Lang-Son. Les commerçants français pourront s'y fixer dans les mêmes conditions et avec les mêmes avantages que dans les ports ouverts au commerce étranger.

Le gouvernement de Sa Majesté l'empereur de Chine y installera des douanes et le gouvernement de la République pourra y entretenir des consuls dont les privilèges et les attributions seront identiques à ceux des agents du même ordre dans les ports ouverts.

De son côté, Sa Majesté l'empereur de Chine pourra, d'accord avec le gouvernement français, nommer des consuls dans les principales villes du Tonkin.

Article 6.

Un règlement spécial annexé au présent traité précisera les conditions dans lesquelles s'effectuera le commerce par terre entre le Tonkin et les provinces chinoises du Yunnan, du Kouang-Si et du Kouang-Tong.

Ce règlement sera élaboré par les commissaires qui seront nommés par les Hautes parties contractantes, dans un délai de trois mois.

Après la signature du présent traité, les marchandises faisant l'objet de ce commerce seront soumises, à l'entrée et à la sortie, entre le Tonkin et les provinces du Yunnan et du Kouang-Si, à des droits inférieurs à ceux que stipule le tarif actuel du commerce étranger. Toutefois, le tarif réduit ne sera pas appliqué aux marchandises transportées par la frontière terrestre, entre le Tonkin et le Kouang-

Tong, et n'aura pas d'effet dans les ports déjà ouverts par les traités.

Le commerce des armes, engins, approvisionnements et munitions de guerre de toute espèce, sera soumis aux lois et règlements édictés par chacun des Etats contractants sur son territoire.

L'exportation et l'importation de l'opium seront régies par des dispositions spéciales qui figureront dans le règlement commercial sus mentionné.

Le commerce de mer entre la Chine et l'Annam sera également l'objet d'un règlement particulier. Provisoirement, il ne sera innové en rien à la pratique actuelle.

Article 7.

En vue de développer, dans les conditions les plus avantageuses, les relations de commerce et de bon voisinage que le présent traité a pour objet de rétablir entre la France et la Chine, le gouvernement de la République construira des routes au Tonkin et y encouragera la construction des chemins de fer.

Lorsque, de son côté, la Chine aura décidé de construire des voies ferrées, il est entendu qu'elle s'adressera à l'industrie française, et le gouvernement de la République lui -donnera toutes les facilités pour se procurer en France le personnel dont elle aura besoin. Il est entendu aussi que cette clause ne peut être considérée comme constituant un privilège exclusif en faveur de la France.

Article 8.

Les stipulations commerciales du présent traité et les règlements à intervenir pourront être révisés après un intervalle de dix ans révolus à partir du jour de l'échange de la ratification du présent traité, mais au cas ou six mois avant le terme, ni l'une ni l'autre des Hautes parties contractantes n'aurait manifesté le désir de procéder à sa révision, les stipulations commerciales resteraient en vigueur pour un nouveau terme de dix ans et ainsi de suite

Article 9.

Dès que le présent traité aura été signé, les forces françaises recevront l'ordre de se retirer de Ke-Lung et de cesser d'exercer le droit de visite en haute mer.

Dans le délai d'un mois, après la signature du présent traité, l'île de Formose et les Pescadores seront entièrement évacuées.

Article 10.

Les dispositions des anciens traités, accords et conventions entre la France et la Chine non modifiés par le présent traité restent en pleine vigueur.

Le présent traité sera ratifié, dès à présent, par le président de la République française et l'empereur de Chine.

Après qu'il aura été ratifié par le président de la République française, l'échange des ratifications sera fait à Pékin dans le plus bref délai possible.

Fait à Tien-Tsin, le 9 juin 1885.

(Suivent les signatures et les sceaux).

La commission parlementaire chargée d'examiner le traité franco-chinois s'y montra favorable. M. Antonin Dubost en fut nommé le rapporteur par 8 voix contre trois bulletins blancs. Le rapport de M. Dubost fut lu le 4 juillet, et discuté dans la séance du 6. MM. Lockroy, Perin, Clémenceau, critiquèrent encore une fois notre politique dans l'Extrême Orient. Ils mirent en contraste le traité actuel obtenu après un an de pénibles efforts, et le traité sommairement rejeté après la surprise de Bac-Lé. Ils contestèrent la valeur et la solidité de notre conquête.

M. de Freycinet répondit en quelques paroles pleines de raison et de fermeté. « Messieurs, dit en terminant le ministre, la situation, telle que le traité l'a faite, peut être hautement avouée. De ce que nous n'y trouvons pas certaines conditions que l'on a pu espérer à une certaine époque, de ce que l'indemnité a disparu, il n'en reste pas moins un ensemble de clauses que nous ne vous aurions pas présentées si elles avaient été désavantageuses pour notre pays.

Non, ce traité, nous ne l'avons pas subi, comme disait M. Clémenceau, nous l'avons accepté... (Très bien! très bien!) sans nous dissimuler l'enchaînement des circonstances qui nous y avaient conduits; nous l'avons accepté parce que nous avons pensé que vous pourriez le signer, le ratifier, sans manquer en rien à l'honneur, à la dignité et aux intérêts de la France. (Applaudissements.)

C'est dans cet ordre d'idées, messieurs, que nous vous supplions de vouloir bien voter le traité que nous vous présentons, qui ne peut créer une situation équivoque, dangereuse, et qui ne risque point de vous donner des regrets plus tard. (Très bien! très bien!)

Tâchons en ce moment de jeter un voile sur les événements souvent glorieux, parfois douloureux, qui ont marqué cette longue période; évitons de reporter nos souvenirs sur ce passé; envisageons la situation telle qu'elle nous est faite. Nous sommes les maîtres incontestés d'un territoire sur la valeur duquel on peut varier d'opinion, mais qui nous rend limitrophes d'un empire puissant, avec lequel nous entretiendrons des rapports de bon voisinage, de bonne confraternité, des rapports de commerce et de civilisation.

Je crois que l'intérêt de la France ne peut qu'y gagner et que la civilisation générale du monde n'aura pas à en souffrir. (Vifs applaudissements au centre et à gauche).

Le traité fut adopté à main levée. Porté au Sénat, il y fut également adopté le 16 juillet.

Est-il avantageux? N'est-il que suffisant? La discussion serait superflue. L'essentiel est qu'il termine honorab'ement une guerre lointaine, qui commençait à devenir impopulaire parce qu'elle devenait trop coûteuse, et parce qu'on n'en voyait pas le terme ; dont on aurait dit, cependant, moins de mal si les élections avaient été moins prochaines. On voit pourquoi.

Malgré de trop justes griefs, malgré les reproches qu'on peut adresser au ministère Ferry, non pas pour la conception, mais pour la conduite d'une entreprise, dans laquelle on se laissait mener par les événements au lieu de les diriger ; malgré des dépenses considérables, cette guerre n'aura point été inutile. Beaucoup moins au point de vue économique, c'est-à-dire pour les bénéfices qu'attendent là-bas notre commerce et notre industrie, qu'au point de vue militaire et politique.

Au point de vue militaire, elle a été, pour notre jeune armée, une expérience que la Tunisie n'avait pu fournir. Nos troupes y ont montré des qualités précieuses d'entraînement et de résistance. Notre marine même ne saurait y perdre. Elle a beaucoup souffert. Mais ce sera l'occasion de renouveler un matériel naval, condamné déjà depuis quelques années, et qui aurait prolongé une vieillesse inutile et encombrante dans nos arsenaux. Enfin, au point de vue politique, il importait de maintenir notre influence, d'abord dans l'Extrême Orient, où nous possédons désormais un magnifique domaine colonial ; puis dans le monde entier, où nous devons faire figure sous peine de déchéance. Je l'ai dit ailleurs (1), je ne cesserai de le répéter : la sagesse n'est pas dans l'indifférence et le recueillement n'est pas l'effacement. Il fallait montrer la France encore vivante, et bien vivante. Nous l'avons fait. Ce n'est pas à la France de s'en plaindre.

S'ensuit-il que le conflit franco-chinois soit absolument terminé ? Qui oserait l'assurer, après les retours soudains qui ont marqué la diplomatie et la stratégie chinoises ? après

---

(1) Voir ma récente brochure : l'*Egypte contemporaine et les intérêts français.*

les difficultés qui ont toujours séparé la Chine du monde occidental ? Car, pour conclure comme nous avons commencé, il convient de ne voir, dans le conflit qui s'achève, qu'un épisode de plus de l'hostilité qui règne entre deux mondes essentiellement opposés, et par leurs idées et par leur histoire.

On peut se demander, pourtant, si la Chine restera toujours réfractaire aux idées étrangères, si elle ne finira pas par en subir l'influence et la pénétration. Car, d'où part la résistance à ces idées ? Du gouvernement seul, et le gouvernement n'est que l'instrument du mandarinat.

Le mandarinat repousse les relations étrangères, parce que les idées venues du dehors ruineraient l'antique hiérarchie sur laquelle repose l'administration. C'est le mandarinat qui établit autour de l'empereur ce cordon sanitaire destiné à arrêter les doctrines malsaines des *barbares* ; c'est le mandarinat, nous l'avons vu à l'œuvre, qui l'entretient d'illusions, le nourrit de mensonges, lui suggère contre les étrangers les fables ineptes que publie la *Gazette de Pékin*.

Eh bien, en dépit du mandarinat, ce que nous appelons la civilisation occidentale pénètre et continuera de pénétrer dans l'Empire du Milieu. Il n'y a pas de *grande muraille* capable d'arrêter l'invasion du progrès. Il n'y a pas de douanes pour arrêter et confisquer les idées.

Toutefois, pour agir sur l'Empire, deux Etats seront toujours mieux placés que la France : la Russie et l'Angleterre; la Russie qui, depuis deux siècles, touche à la Chine par la Sibérie, descend dans la Mandchourie par ses marchands, intrigue dans la Corée par ses diplomates ; l'Angleterre, établie sur les côtes mêmes de la Chine, dans cette ile de Hong-Kong qui n'est qu'un magasin, incessamment renouvelé de produits britanniques: voisine encore de la Chine par ses possessions de la Birmanie et des Indes.

Pour nous, Français, maîtres du Tonkin, dans cette influence de l'Europe sur l'Extrême Orient, à quelle part pouvons-nous prétendre ? Notre part ne sera pas politique, comme celle de la Russie ; elle ne sera pas commerciale comme celle de l'Angleterre. Elle sera plutôt morale et civilisatrice. Je ne veux pas croire qu'elle sera la moins utile.

Politique et commerciale, notré influence le sera néanmoins. Car nous avons des intérêts à surveiller là-bas, nous avons à protéger notre colonie de Cochinchine qui va bien, qui ira mieux encore dans quelques années, quand l'Annam aura sincèrement accepté notre protectorat, quand le Tonkin sera le débouché paisible des produits du sud-ouest de la Chine ; quand Saïgon pourvu d'arsenaux et de chantiers, d'hôpitaux et de magasins, quand Saïgon, au seuil de l'Océan indien et de la mer de Chine, entre la péninsule Indo-Chinoise et le grand archipel de la Sonde, sera devenu enfin ce qu'il doit doit être : une place de guerre et de commerce de premier ordre.

L'expédition du Tonkin a été entreprise dans l'intérêt de la Cochinchine, comme celle de Tunisie dans l'intérêt de l'Algérie. Politique de protection et de conservation coloniale ; voilà celle, mais celle-là seulement qu'il faut pratiquer. Rien de moins, mais aussi rien de plus. Des satisfactions légitimes, soit ; des aventures téméraires, non.

L'opinion du pays est faite là-dessus. Il l'exprimera bientôt. Au gouvernement d'en tirer sa leçon.

Juillet 1885.

BIBLIOGRAPHIE

A. — **CHINE.**

(Société, mœurs, gouvernement, histoire, etc.)

Voici les ouvrages qu'on peut consulter pour une étude plus complète de la Chine que celle à laquelle j'ai dû me borner. Je n'indique que les plus récents, les plus dignes de foi, ceux que j'ai lus moi-même :

PAUTHIER. (Ouvrages cités).

ESCAYRAC DE LAUTURE. Mémoire sur la Chine, in-4º, 1864. Aux bureaux du Magasin Pittoresque. Ce diplomate qui avait beaucoup voyagé, surtout en Orient, est mort en 1868.

J. FERRARI. La Chine et l'Europe, 1 vol. in-8ⁿ, 2ᵉ édit. 1868, Didier.

BARON DE HUBNER. Promenade autour du monde, 2ᵉ éd., 1873, Hachette.

FRANCIS GARNIER. Voyage d'exploration dans l'Indo-Chine. (Tour du Monde, (1871-1872-1873.)

ARMAND DAVID, missionnaire. Journal de mon troisième voyage d'exploration dans l'Empire Chinois, 2 vol. in-12, 1875, Hachette.

L. ROUSSET. A travers la Chine, in-18º, 1878, Hachette. L'auteur était professeur à l'arsenal militaire de Fou-Tchéou, dirigé par un lieutenant de vaisseau français, M. Gicquel.

On lira d'intéressantes études sur la Société chinoise dans la *Nouvelle Revue* du 15 mars, du 1ᵉʳ juin et du 1ᵉʳ décembre 1883, et on tirera profit du volume suivant qui vient de paraître.

PH. DARYL. Le Monde Chinois, 1 vol., Hetzel.

Il y a enfin de nombreux ouvrages anglais qu'il serait trop long de citer. Les Anglais connaissent assez bien la Chine, grâce à l'étendue de leurs relations commerciales.

B. — **TONKIN**.

Les publications commencent à abonder sur le Tonkin. Je ne citerai que les principales, celles dont j'ai pu vérifier la valeur :

J. DUPUIS. La route commerciale française du golfe de Tong-Kin à la Chine par le fleuve Rouge. (*Explorateur* 1876.)

J. DUPUIS. La conquête du Tonkin. Revue par J. Gros. (1 vol. Dreyfous.)

ROMANET DU CAILLAUD. La conquête du delta du Tonkin. (Tour du Monde, 2ᵉ sem. 1877.)

EDM. PLANCHUT. Les Français au Tonkin. (Dans le volume intitulé les Quatre Campagnes militaires de 1874.) Lévy, 1875.

L. LANIER. M. Dupuis sur le fleuve Rouge. Amiens, 1880.

Depuis la mort dn commandant Rivière, les brochures ont redoublé. Je ne peux qu'indiquer celles de MM. Thureau, Paul Deschanel, A. Rivière, E. Gautier, etc Voir encore :

Les Colonies nécessaires (Tunisie, Tonkin, Madagascar), par un marin. 1 vol., chez Ollendorf. Tout récent.

C. — **LA GUERRE**.

J'ai indiqué, dans le courant de ma brochure, les quelques ouvrages qu'on peut consulter jusqu'à présent pour l'histoire des récentes hostilités. Je me suis servi des documents officiels qui ont été publiés, et des dépêches des chefs de corps communiquées par le ministère.

Je n'ai fait qu'un précis des événements, aussi simple et aussi clair que possible. Les documents ne tarderont pas à paraître, et on écrira cette histoire mieux et plus longuement que je ne l'ai résumée.

———————

Voici la série des ordres du jour de confiance accordés par la Chambre au ministère Ferry, sur la question du Tonkin, soit à propos de demandes de crédits, soit à la suite d'interpellations :

1883. — 15 mai. Vote d'un crédit de 5 millions par 351 voix contre 48.

1883. — 10 juillet. Interpellation Granet et Delafosse. Ordre du jour de confiance voté par 362 voix contre 78.

» 31 octobre. Interpellation Granet. Ordre du jour Paul Bert et Loubet voté par 325 voix contre 155.

» 7-10 décembre. Discussion d'un crédit de 9 millions et interpellation Clémenceau. Ordre du jour P. Bert et Philippotaux : 308 voix contre 201.

1884. — 15 août. Discussion d'un crédit de 38 millions. Voté par 334 voix contre 148. Il fallait plus au gouvernement. Ordre du jour Antonin Proust et Sadi-Carnot. 173 voix contre 50.

» 24-28 novembre. Discussion de crédits. Votés par 342 voix contre 170. Ordre du jour Spuller et Sadi-Carnot : 295 voix contre 176.

1885. — 28 mars. Interpellation Granet. Ordre du jour pur et simple réclamé par le gouvernement et voté par 259 voix contre 209.

Grenoble. — Imprimerie Vᵉ RIGAUDIN, 8, rue Servan.